手把手教你
装修微店

王 俞◎著

中国宇航出版社
·北京·

图书在版编目(CIP)数据

手把手教你装修微店 / 王俞著. -- 北京 : 中国宇航出版社，2016.5

ISBN 978-7-5159-1102-1

Ⅰ. ①手… Ⅱ. ①王… Ⅲ. ①网络营销 Ⅳ. ①F713.36

中国版本图书馆 CIP 数据核字（2016）第084333号

责任编辑 田芳卿
责任校对 卢 珊　　装帧设计 宇星文化

出版发行 中国宇航出版社
社 址 北京市阜成路8号　　邮 编 100830
(010)60286808　　(010)68768548
网 址 www.caphbook.com
经 销 新华书店
发行部 (010)60286888　　(010)68371900
(010)60286887　　(010)60286804(传真)
零售店 读者服务部
(010)68371105
承 印 三河市君旺印务有限公司
版 次 2016年6月第1版　　2016年6月第1次印刷
规 格 787×960　　开 本 1/16
印 张 16　　字 数 245千字
书 号 ISBN 978-7-5159-1102-1
定 价 58.00元

前言
preface

随着移动互联网的快速发展，微店顺势而生。微店的出现，给了更多人实现创业梦想的机会。小米科技董事长兼首席执行官雷军曾说，“站在风口上，猪都会飞”。那些站在“微店”风口上，敢于第一个“吃螃蟹”的人顺势而为，逐渐在微店的竞争中脱颖而出，一时闻名于世。

正如10年前的淘宝一样，从看不见，看不起，看不懂，到现在你已经来不及。如今，微店已经进入快速发展时期，只有站在这个风口上，把握住移动互联网提供的机会，我们才有可能借势、借力，打造一家成功的微店，在赚钱的同时，实现自己的创业梦想和人生价值。

在信息大爆炸的时代，无论哪个行业，都逃不过被快速模仿的命运，因此也就难逃“同质化”的怪圈。要想在质量和价格相差无几的情况下战胜竞争对手，从同行业乃至从整个大势中脱颖而出，顺利跻身为品牌微店，微店店主应该怎么做呢？首先必须打造自己的特色。

如何塑造品牌，打造与众不同的微店呢？这就需要各位店主在微店装修上多下功夫。

众所周知，微店与淘宝店一样，都是一个虚拟的店铺。顾客进入店铺，只能通过店铺观感、商品图片和商品描述来了解商品，所以店铺装修很重要。装修得好，不但能增加顾客对店铺的好感与信任度，而且有利于塑造店铺品牌。

店铺装修并非想象中那样简单。在这个过程中，店主不仅要了解行业特点，了解目标消费群体的特点，了解在售商品本身的特点，也要清楚当前的流行趋势，顾客的消费习惯、浏览习惯，等等。

装修工作和设计、审美等密不可分，所以店主也需要具备一定的审美鉴赏能力和设计能力。只有满足了这些条件，才能将店铺装修得美观而不花哨，个性而不突兀，合宜而不庸俗。

此外，在装修店铺过程中，商品图片的拍摄和设计尤为重要。商品质量再好，如果商品图片质量差，顾客也可能会接收到错误信息而放弃购买。为了提高商品图片的质量，店主不仅要掌握拍摄商品的技巧和方法，还要学会使用各种修图软件，增强商品图片的吸引力和冲击力，使商品图片看起来更真实，更美观。

总之，装修店铺的目的是吸引顾客，让顾客对店铺的商品感兴趣，从而提高店铺的成交率。为了帮助广大微店店主实现这一目标，本书从微店装修、微店首页设计、宝贝详情页设计、不同品类商品图片拍摄、图片美化以及案例分析七大部分，以图文并茂的形式，向店主们详细介绍微店应该如何设计、布局、配色与装修。

本书文字通俗易懂，内容丰富多彩，并配有真实案例，能够初步解决广大微店店主装修微店中遇到的难题。

“工欲善其事，必先利其器”，店主们只有苦心修炼自己的装修技能，在店铺装修方面下苦功夫，才有可能快速抓住顾客的痛点，轻松搞定店铺装修工作，使店铺装修真正助力店铺销售和运营。

目录

contents

第 7 章

微店装修案例分析 /229

第1章

CHAPTER ONE

微店装修：让你的店铺容光焕发

在开店过程中，微店装修是极为重要的一环。顾客进店后，只能通过店铺装修来获取商品信息。如果店铺装修不好，毫无疑问会影响店铺的成交量。良好的店铺装修，不仅可以美化店铺，让店铺“容光焕发”，还能创造视觉冲击力，从而吸引顾客浏览和下单。

1.1 微店装修的 6 大原则

在微店经营中，店铺装修是永远都不过时的话题，但是随着时代的发展和流行元素的变化，店铺装修也要随之变化。虽然店铺装修变化多端，但是一些共性原则问题基本上是一成不变的。只有事先明确店铺装修的一般原则，店主才能从宏观上把控整个微店的装修工作，使微店装修工作有条不紊地进行。

1.1.1 目标人群定位要准确

装修店铺前，店主首先要对目标人群进行定位，这是微店装修的第一步，也是最为关键的一步。装修店铺的目的，不仅是为了吸引顾客那样简单，还要得到目标人群的认可，受到他们喜欢才行。只有目标人群定位准确，店主才能根据目标人群的喜好，为他们量身定做，这样更容易获得顾客的认可和喜欢。

比如，如果你经营的是母婴商品（见图 1–1），那么你的目标人群就是妈妈们。我们知道，这类人群大多比较喜欢浅色风格且温馨、亲和力强的店铺，所以在装修店铺时，店主可以根据这一特点去设计，以赢得妈妈们的好感。

1.1.2 店铺整体风格要一致

在微店装修过程中，很多店铺通常主题是一种风格，模块又是另一种风格，甚至宝贝页面风格多次变换。这样的店铺没有一个协调、统一的风格，不但不利于塑造店铺品牌，还显示出店铺装修不够专业。

此外，微店是手机店铺，视觉展示较为狭窄，店主更应该重视店铺的整体设计和页面设计，根据品牌和商品调性，使店铺所有页面的风格保持一致，以免因风格不统一影响店铺装修的美观，引起顾客视觉上的不舒适感。

图 1-1 售卖母婴商品的店铺

1.1.3 根据活动内容或促销目的设计主题

对于店主来说，由于店铺每次开展的活动不一样，促销的商品也不一样，因此设计的主题也会不尽相同。但是店主要明白，在设计主题过程中，一定要根据活动内容或促销目的来设计。比如中秋节活动（见图 1-2），就要体现出中秋节这个节日的特点。根据这个节日的特点来设计页面，店铺才会更吸引人。

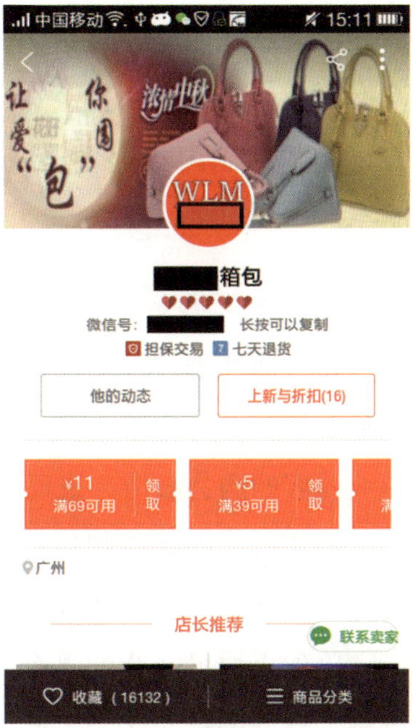

图 1-2 根据中秋节设计主题

此外，由于一年四季营销活动内容比较多，因此活动主题不可能一成不变。经常更新主题，会让人产生新鲜感，避免顾客产生“视觉疲劳”，这样顾客也会经常关注店铺的最新动态，这也是留住新老顾客的有效途径。

当然，变换主题一定要保证整体风格一致。

1.1.4 多图少字

与 PC 端不同的是，手机端的顾客不可能同时

图 1-3 多图少文

打开多个页面，因此也就不可能花费太多的时间停留在某一个店铺中。微店店主首先要做的，是最大限度地吸引他们的注意力。

从人们惯常的阅览模式来看，顾客首先看到的是图片。图片足够吸引他们的注意力，才会接着去看页面下的文字。为了让顾客快速读取店铺商品信息，店主一定要多用图片（见图 1-3），创造最大的视觉冲击力，吸引顾客的注意力，同时也要注意控制文字的大小和多少。

1.1.5 模块划分和商品分类要清晰

如果店铺的模块划分和商品分类比较混乱，顾客进入店铺后，往往会感到一头雾水，不知所措。这不但增加了顾客寻找商品的时间和精力，还会引起顾客的反感，使店铺的顾客大量流失。

在装修微店的过程中，店主一定要重视模块的划分和商品分类，商品切不可乱摆乱放。只有做到这一点，顾客才能根据自己的需求，结合店铺的商品分类，在最短的时间内找到自己所需的商品。店铺也才能提高顾客的满意度，增加成交率。

1.1.6 色彩要适宜

在店铺装修过程中，色彩选择很重要，因为一个好的色彩搭配，会让顾客感到身心愉快，从中感受到色彩带来的乐趣。相反，如果色彩选择不当，很可能会影响顾客的购物心情，进而影响店铺的生意。

并非所有的颜色都适合装修你的店铺。在装修店铺时，店主一定要结合微店的实际情况，寻找适合自己店铺的装修色彩。

比如，如果经营的是食品店，根据食品的特点，店主可以采用一些暖色调的颜色，这样的色彩比较鲜亮，能起到促进人们食欲的作用。反之，冷色调的颜色就无法起到这样的效果，甚至会引起顾客的反感。

总之，在碎片化的时间里，顾客要的是轻松自在，所以在装修店铺时，色彩一定要适宜。具体来讲，就是要根据商品属性以及实际需求去设计店铺的色彩，只有这样才能吸引顾客，打动顾客。

1.2 确定店铺的整体装修格调

在激烈的市场竞争中，要想让自己的微店在众多店铺中脱颖而出，不仅要在商品质量上下功夫，更要在装修上体现自己独特的格调和魅力。因此，在进行店铺装修时，店主首先要确定店铺整体的装修格调，以便对后续的装修工作起到指导和规划作用。

1.2.1 根据商品确定店铺装修风格

与实体店一样，微店的店铺风格也会直接体现在装修风格上。决定店铺装修风格的，不仅有店主喜好、目标人群、店铺面积等因素，更重要的是商品。商品是奢华的，那么相应的店铺风格就应该是奢华的；相反，如果商品风格是文艺复古的，那么相应的店铺装修风格就应该多些文艺气息和怀旧色彩。

装修店铺时，在确定了目标人群、店铺面积等因素之后，店主可以根据商品来确定店铺的装修风格，如表 1–1 所示。

1. 科技、电子类

一般来说，经营数码类商品的店铺，在设计方面应趋于低调和理性，因为这类商品的目标顾客主要以成年男性为主。

表 1-1 根据商品确定店铺风格

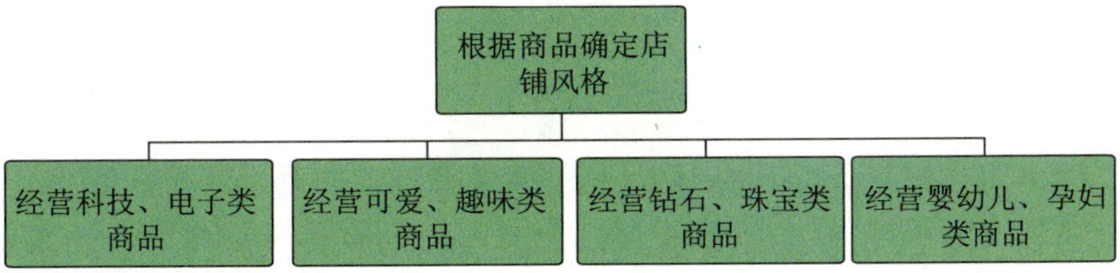

店铺主要色调应以蓝色或者黑灰色为主，这样可以体现店铺的科技感与时尚潮流，这是成年男性喜欢的理性、专业的设计风格。

2. 可爱、趣味类

如果店主主营可爱的、好玩的商品，那么就要明白，喜欢这类商品的一般都是学生和 25 岁以下的年轻人。他们有一些共性特点，比如有较为一致的审美标准和流行的说话方式，喜欢追赶潮流，等等。

店主要根据这一目标人群的性格特点和心理需求设计店铺，装修风格可以活泼一些，潮流一些，可爱一些。这种风格的店铺更容易被这类目标群体接受，一旦获得他们的认同，自然会促使他们产生购买的欲望。

3. 钻石、珠宝类

钻石、珠宝类商品价格不菲，少则上千元，多则上万元，属于贵重物品。一般来说，商品品种直接决定店铺的目标消费人群，能购买钻石、珠宝类商品的顾客，年龄大多在 25 岁至 50 岁之间。

由于此类商品本身高贵奢华，光彩夺目，所以在装修微店时，店主可以使用浅色系，这样更能显示出整个店铺高档、尊贵的感觉，简约的风格也会显得店铺更大气，同时更能吸引人。

4. 婴幼儿、孕妇类

经营婴幼儿、孕妇类商品的店铺，其设计风格大多以温馨、温暖为主调，这样可以给人一种和蔼可亲的形象，比较符合年轻妈妈或者准妈妈的心理需求，让妈妈们有一种舒适自然的感觉。

总之，销售的商品不同，店铺设计风格也应该相应地有所不同。广大店主朋友在装修微店，确认店铺风格时，要想吸引目标顾客的兴趣和注意力，就要先确定自己店铺商品的风格。定位准确，才能在经营商品的基础上合理、有度地装修，最终达到通过装修吸引顾客、促成交易的目的。

1.2.2 利用固有的主题模板

为了吸引更多顾客，很多微店店主在微店装修方面都下了不少功夫。实际上，在装修微店过程中，并非每个页面、每个模块都需要自己设计，店主也可以利用微店平台提供的一些免费主题模板，结合自己的创意，将微店装修得简洁美观。

在微店平台上，都有哪些固有的主题模板呢？见表 1–2。

表 1–2 微店平台固有主题模板

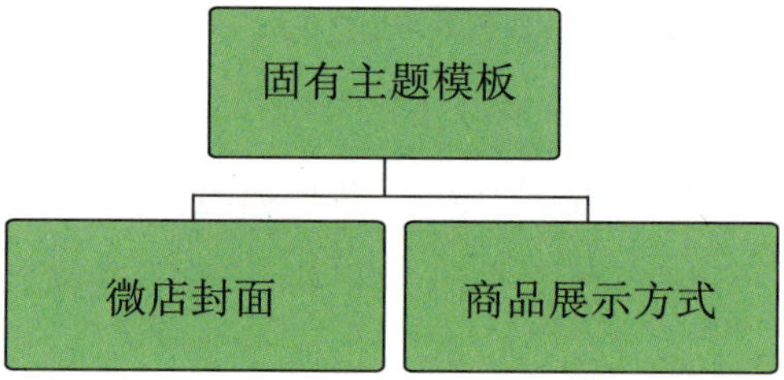

1. 微店封面

随着后台技术的不断升级和完善，很多微店平台都推出了微店封面主题模板这个功能。

以口袋购物微店为例。在口袋购物平台中，微店封面主要包括无封面、封面大图、分类导航 1 列和分类导航 2 列四种形式（见图 1–4）。

图 1–4 微店封面

其中，无封面是初次完成微店注册时，微店默认的主题模版。封面大图有封面且仅显示一张图片。分类导航 1 列和分类导航 2 列不仅有封面，还可以在封面上展示商品分类。1 列最多展示 4 个分类，2 列则展示 8 个分类。这些分类会按照一定的顺序展示，店主可以根据自己的需要进行调整。

想要对此类封面主题模板进行设置，店主可以点击“微店管理”中的“店铺装修”，见图 1–5，再点击一下“微店封面”。

在微店封面页面中，店主可以选择自己喜欢的一款封面形式，点击即可。之后就可以进入到

图 1–5 点击“店铺装修”

图 1–6 点击“更改背景图”

封面设置页面。进入封面设置页面后，可以点击“更改背景图”以更改封面背景（见图 1–6）。

在更改背景图页面（见图 1–7），可以从众多默认封面图片选择其中一款，点击“完成”（见图 1–8），便完成了封面的设置。

当然，店主也可以自由设置微店封面。具体操作是在更改背景图页面中，点击“上传图片”，进入“选择图片”页面。在该页面中，选中需要上传的图片（见图 1–9），便可进入到修剪照片页面。店主根据自己的需求选择需要修剪图片的范围，点击“√”即可（见图 1–10）。

在封面设置页面，点击“完成”（见图 1–11），就完成了封面的自由设置。当店主将店铺链接分享给顾客，顾客点击店铺链接，就可以看到店主自由设置的封面了（见图 1–12）。

2. 商品展示方式

在商品展示方式页面，店主可以看到两种展示方式，分别是“按上架时间展示”和“按商品分类展示”（见图 1–13）。

图 1-7 更改背景图页面

图 1-8 点击“完成”

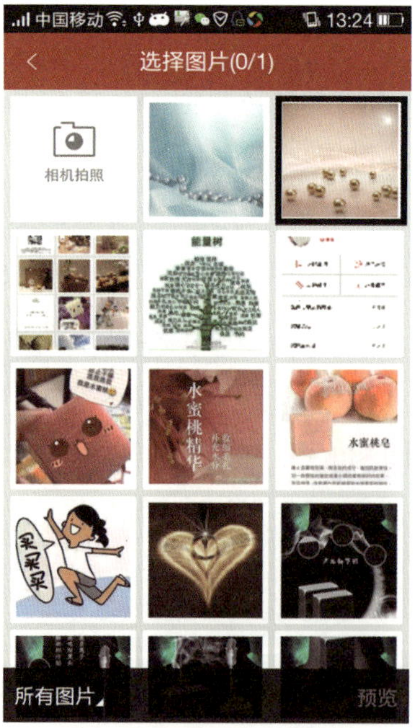

图 1-9 选中需要上传的图片

图 1-10 点击“√”

图 1-11 点击“完成”

图 1-12 自由设置的封面

图 1-13 商品展示方式

图 1-14 按商品分类展示

与“商品分类展示”相比，“按上架时间展示”的最大优点是，顾客可以优先看到店铺新上架的商品，缺点是商品分类比较混乱，顾客不容易找到所需商品。

“按商品分类展示”的商品，分类比较清晰，方便顾客找到所需商品（见图 1-14），但却不利于顾客发现哪些是新上架的商品。

至于选择哪种商品展示方式，店主可以根据自己的需要去选择。

以上是微店免费为店家提供的固有主题模板。在实践过程中，店主可以根据自己的具体情况以及喜好，自主选择合适的模板，使店铺变得更加美观，提高对顾客的吸引力。

1.2.3 店招：信息与美感共存

店招是店铺的招牌，也是店铺文化的浓缩。由于店招在店铺首页最上方，位置比较显著，属于店铺装修中一个非常关键的地方，所以店主一定要精心设计，既要给顾客留下一个好印象，也要能够给顾客创造一种新鲜感。

既然店招设计如此重要，那么店主在设计时就要认真思考一下，这部分区域要展示哪些内容，向顾客传达什么消息，如何体现设计要素，等等。同时，店招设计一定要大气、精致，做到信息与美感共存。

在实际操作中，店主可以根据店铺的具体情况，将店招设计分为日常设计和大促设计两种（见表 1-3）。

1. 店招日常设计

表 1-3 店招设计

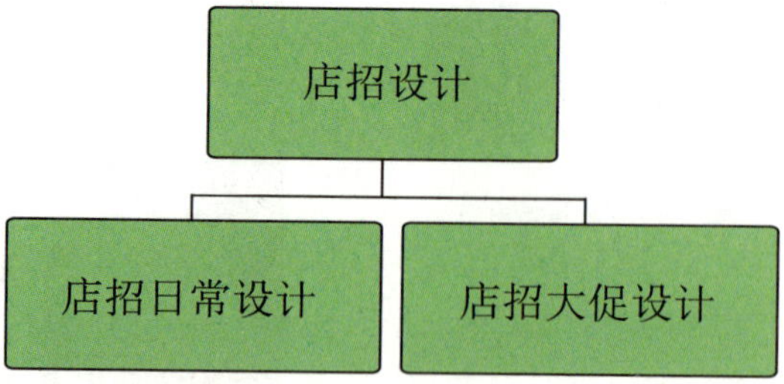

在日常设计中，店招的风格必须与店铺整体风格保持一致。然后确定店招的内容，也就是店主想要向顾客传达哪些信息，比如品牌文化、经营范围等，最后将想要表达的信息设计到店招中。

以下是几种日常店招设计，希望能给各位店主一点启发。

（1）与商品有关的店招。

在店招中，店主可以将售卖的重点商品设计进去（见图 1–15），以便顾客看到店招就知道店铺售卖的商品是什么。一般来说，将商品实物直接放置到店招中（见图 1–16），这样的图片会给顾客一种真实感，无形中增加顾客对店铺的信任。

（2）展示店铺服务的店招。

图 1–15 与商品有关的店招

图 1–16 显示商品实物的店招

在店招上，店主可以将自己提供的服务展示出来（见图 1–17）。通过店招，顾客就知道在店铺中可以购买哪些商品，能够享受到哪些服务。总的来讲，这样的店招能够在一定程度上起到吸引顾客购买的作用。

（3）与店名相关的店招。

由于店名和 LOGO 只能起到宣传和识别的作用，不足以向顾客传达店铺的品牌文化，因此有些店主开始将店名设计到店招中（见图 1–18），让顾客感觉自己来到了店铺现场，感受到属于该店铺的独特气息。

当然，设计的店招除了与店名有关外，店主也可以将商品设计进去（见图

图 1-17 吸引顾客购买的店招

图 1-18 与店名有关的店招

1-19 与店名、商品有关的店招

图 1-20 假日促销店招

1–19），这样的店招更能凸显店铺的品牌文化。

2. 店招大促设计

如果店铺想要开展促销活动，店主可以根据促销主题设计店招，以便更好地将促销消息传达给顾客，吸引顾客购买。

一般来说，大促时期的店招设计有以下几种。

（1）假日促销店招。

在假日里，消费者的时间比较充裕，也积攒了一段时间的购物需求，这个时候他们喜欢在微店中闲逛。此时如果遇到实惠的商品，常常会忍不住购买。要想把顾客吸引到自己的微店，并促使他们购买，店主可以将假日促销活动信息设计到店招中（见图 1–20）。

（2）限时促销店招。

如果到了店铺经营淡季，在某段时间内，店主想要进行限时促销活动，就可以将促销活动时间、促销优惠信息等显示在店招上（见图 1–21）。这样顾客就能通过店招了解到店铺正在进行的促销活动，进而进店浏览或者消费。

（3）特殊节日促销店招。

每到一些特殊节日，各大店铺都不会错过这些促销的好日子。对于店主来说，这正是促进店铺销售的最佳时机，自然也会开展一些促销活动。

此时，店主可以根据节日特点，将促销活动信息设计到店招中。比如，如果是感恩节，店主可以将一些感恩回馈活动信息设计到店招中（见图 1–22），以便顾客了解店铺优惠活动情况。如果商品价格确实很实惠，顾客自然会蜂拥而至。

图 1–21 限时促销店招

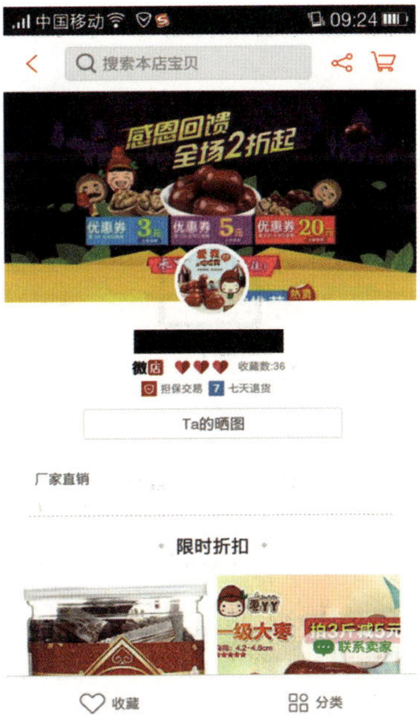

图 1–22 特殊节日促销店招

图 1-23 店庆促销店招

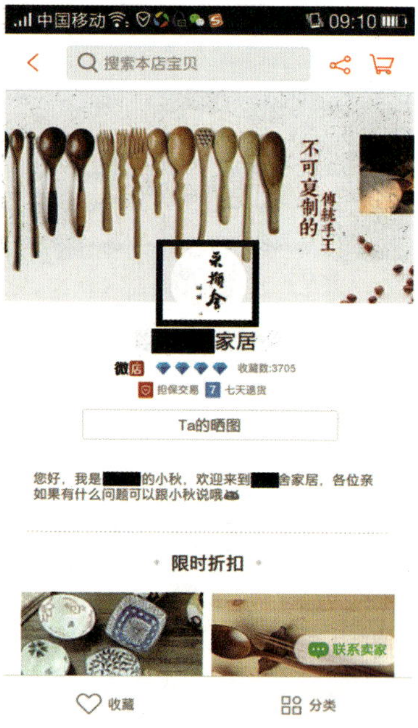

图 1-24 与店名一致的 LOGO

（4）店庆促销店招。

到了店铺店庆时，店主可能需要通过店庆大促活动回馈新老顾客。这个时候店主可以将促销信息设计到店招中（见图 1–23），以便顾客在第一时间知道店铺正在进行的促销活动，这是抓住顾客眼球，吸引顾客购买的好办法。

在微店中，店招是店铺的形象展示，它既可以以图文形式体现店铺的经营宗旨，又可以直观地反映店铺的品牌特色，起到加深顾客了解与信任，提高店铺销量的目的。店主一定要好好设计店招，只有这样才能最大限度地发挥店招的作用。

1.2.4 LOGO：最具创意性的设计

在微店中，LOGO 的设计尤为重要，因为它是一个品牌的标志性表达，不仅能让自己的店铺有别于他人，还能传达出店铺独特的品牌优势。一般来说，一个具有创意的 LOGO 会令人印象深刻。这个看似简单的小图标，本身不仅是一个标志，还能起到识别和推广店铺的作用。

实际操作中，店主该如何设计 LOGO 呢（见表 1–4）？

表 1–4 LOGO 设计

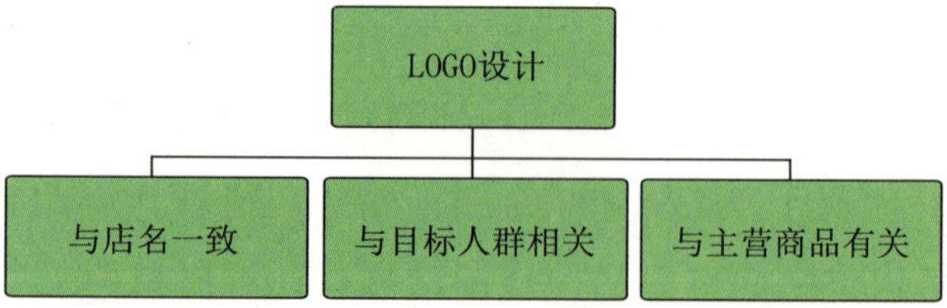

1. 与店名一致

为了打造个人品牌，加深顾客印象，店主设

计的 LOGO 可以与店名有关（见图 1–24）。由于顾客不可能只在一家微店购买商品，也不可能只收藏一家微店，如果你的 LOGO 与店名一致，顾客就能通过 LOGO 快速从众多店铺中找到你的店铺，这对顾客来说非常方便、快捷。

2. 与商品使用者相关

为了吸引顾客，帮助顾客有效判断店铺主营商品是否与自己要购买的商品有关，店主可以将商品使用者的图像设计成 LOGO，如宠物、婴幼儿等（见图 1–25）。顾客通过 LOGO，就能初步判断该店铺售卖的商品是否是自己需要的。一旦顾客觉得该店铺与自己所需商品有关，就会进入店铺一探究竟。

图 1–25 与目标人群相关的 LOGO

3. 与主营商品有关

实际上，店主设计的 LOGO 也可以突出商品（见图 1–26），这样顾客就能通过 LOGO 知道店铺主要售卖什么商品，是否是自己想要的。做出初步判断后，再决定是否进入店铺浏览商品。所以，与主营商品有关的 LOGO 也是非常不错的创意。

总之，一个好的 LOGO 会让人过目不忘，有很好的传播作用。其强大的视觉冲击力，还能刺激顾客的购买冲动，提升店铺的销量。所以，在设计 LOGO 之前，店主一定要通过调研分析挖掘所需素材，经过反复推敲修改，设计出令人满意的 LOGO。

图 1–26 与主营商品相关的 LOGO

1.3 规划店铺页面布局

在微店中，由于页面面积有限，店主要想多方面展示商品，让顾客对店铺和商品有全面的了解，就必须对店铺页面进行规划、布局、设计。只有这样，才能将店铺页面设计得更加科学合理，更加吸引人，为顾客创造最大的视觉冲击力、审美享受和舒适感。

1.3.1 店铺首页布局：有亮点

顾客进入店铺后，很多时候首先看到的就是店铺首页。以商品链接形式进去的，也会在浏览完商品后看一下店铺的首页。店铺首页设计得好，顾客常常会继续在店铺中浏览商品；如果设计得不好，顾客就会关闭页面。因此，店铺首页设计的好坏，直接影响到顾客的去留。

在设计店铺时，店主一定要对店铺首页进行合理布局，设计出亮点，只有这样才能吸引顾客，使顾客对店铺感兴趣，提高成交的可能性。

那么，如何布局店铺首页呢（见表 1–5）？

1. 店招、LOGO、店名和店铺公告

在店铺首页中，顾客首先看到的是店招，它能够体现店铺品牌文化，向顾客

表 1-5 店铺首页布局

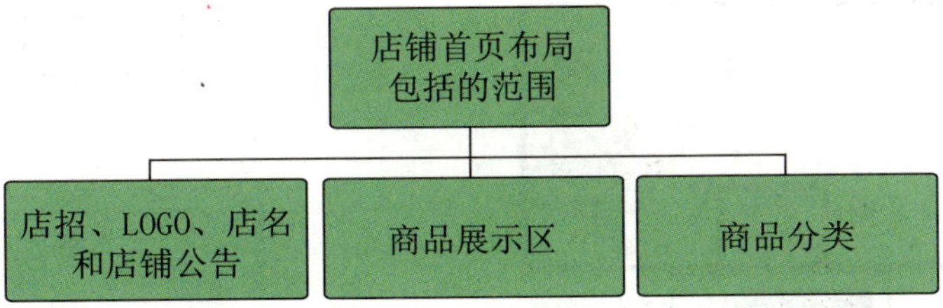

传达店主想要表达的信息。LOGO 和店名是店铺的形象标识，店铺公告则告诉顾客店铺的基本情况。

店招、LOGO、店名和店铺公告（见图 1-27）是微店的固有模块，它的布局是固定的。但店主可以根据自己的商品特性、目标人群，以及自己的需要去设计店招、LOGO、店名和店铺公告，详见本章和第二章相关内容介绍，在此不再赘述。

2. 商品展示区

在店铺首页中，商品展示区是最重要的，它是向顾客展示店铺众多商品的地方。在这个区域内，店主需要进行模块划分。至于如何布局模块，则需要根据店主的需求来设计。一般来说，商品展示区可以分为三个模块，分别为限时折扣、店长推荐和全部宝贝。

限时折扣（见图 1-28）。在这个区域内展示给顾客的商品，全部都是店铺内的促销商品。对于顾客来说，当店铺有促销活动时，点击进入此模块后，第一时间就能找到商品促销区，浏览和购买商品比较方便。

店长推荐（见图 1-29）。在这个区域内，大多展示的都是店铺新上的商品，或者是店铺的爆款，亦或是某段时期内顾客最需要的商品。对于店主来说，有了这个区域，顾客会特别关注其中的商品，帮助店铺推广新品的同时，也方便顾客购买所需商品。

全部宝贝（见图 1-30）。在这个区域内展示的商品是店铺内所有的商品。一般来说，顾客大多不会直接到这个区域内浏览商品，因为这里的商品太多，顾客没有太多的时间去寻找。但是，如果页面的大多商品符合顾客的品味和需求，那么很多顾客也会在此区域内逐一浏览，以便发现更多符合自己需求的商品。

图 1-27 店招、LOGO、店名和店铺公告

图 1-28 限时折扣

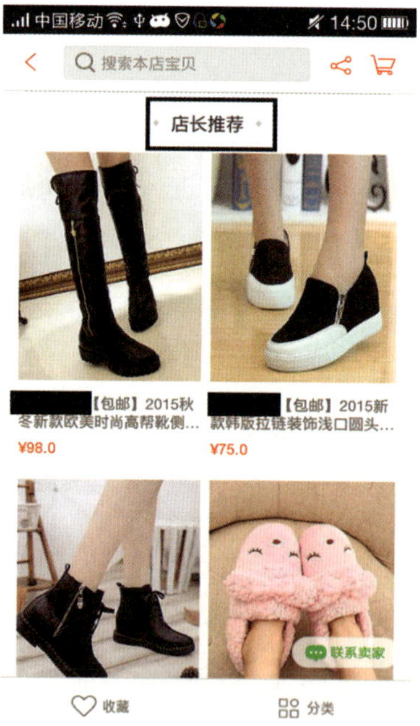

图 1-29 店长推荐

图 1-30 全部宝贝

除了全部宝贝外，限时折扣和店长推荐是需要店主合理布局和规划的，这两个模块放置多少商品，展示哪些商品，哪些商品提供折扣，哪些商品可以推荐给顾客，等等，都需要店主根据商品销售具体情况以及店主经营需求而定。

3. 商品分类

在店铺首页中，商品分类与商品展示区同等重要（见图 1–31）。分类布局时，店主可以根据商品的特点，将商品划分为几大类，并根据类别对商品进行排列。

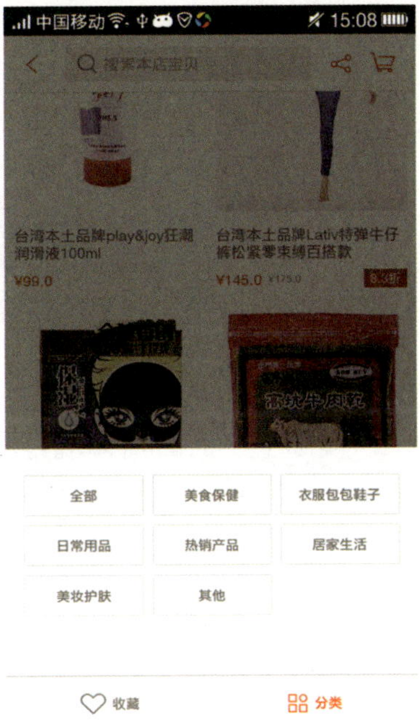

图 1–31 商品分类

一般来说，如果顾客有需求，进入店铺后，他们首先会点开首页中的“商品分类”模块，然后根据商品类型选择符合自己需要的区域，从中寻找所需的商品。商品分类的布局很重要，店主一定要按照顾客浏览和购买习惯对商品进行分类，以便顾客快速找到所需商品，提高顾客的购物体验。

以上就是店铺首页的整体布局，店主可以学习借鉴。在实际操作中，店主可以根据自己的需求进行布局。总之，要想吸引顾客，提高顾客满意度，店主必须要做好店铺首页的布局。

在设计店铺首页之前，要对店铺首页有个清晰的设计思路。要有整体布局意识，这样才能将店铺首页设计得更加完美，充分发挥它的作用，为店铺带来意想不到的经营效果。

1.3.2 商品详情页布局：详而不繁

对于微店来说，商品详情页能够体现店铺商品的内在美，它也是架起顾客与商品接触的桥梁，在微店经营中起到举足轻重的作用。

在优化商品详情页之前，店主需要先布局。有了规划，才能做到详而不繁。那么，如何布局商品详情页呢（见表 1–6）？

表 1-6 商品详情页布局

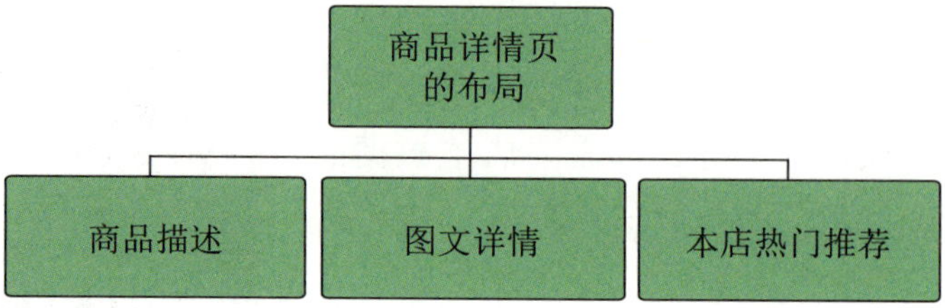

1. 商品描述

实际上，商品描述就是将商品卖点展示给顾客，让顾客根据自己的需求做出选择。可以说，商品描述就是店主说服顾客购买商品的一个理由。只要店主站在顾客的角度想问题，将顾客关心的内容输入到商品描述中，就能在一定程度上达到说服顾客购买的目的。

不过，值得店主注意的是，商品描述要如实体现商品的特点，避免过分夸大商品的优点，以免引起售后纠纷。在描述商品时，文字要尽量简洁，用词准确，恰到好处地将商品卖点展示出来（见图 1-32）。

图 1-32 商品描述

图 1-33 图文详情

2. 图文详情

除了商品描述外，图文详情也是商品详情页最为重要的一个模块，因为它能起到促进顾客购买的作用。一般来说，图文详情主要是以图文并茂的形式向顾客全方位地展示商品。展示内容主要包括商品基本信息、商品卖点、商品细节、注意事项等。通过这些信息，顾客能够对商品有个相对全面的了解。值得注意的是，设计图文详情时（见图 1–33），图片要美观，文字要简单，突出重点即可。

3. 本店热门推荐

每个商品详情后，都会有一个“本店热门推荐”模块（见图 1–34）。这也是微店平台免费提供的模块，能够起到向顾客推荐本店其他商品的作用，为店铺免费做广告宣传，总体来讲是一个比较好用而且重要的模块。同时，与“微店购物小贴士”一样，这个模块也无须店主自己设计。

商品详情页的布局是一种艺术。好的布局，能够让顾客感受到店铺的风格和店主的用心，布局不好就会影响店铺的销量以及顾客对店铺的印象。要想提高店铺的人气和销量，店主所作的宝贝详情页布局和规划，都要根据顾客的浏览习惯来设计，这样会大大提高顾客的满意度，增加顾客购买的概率。

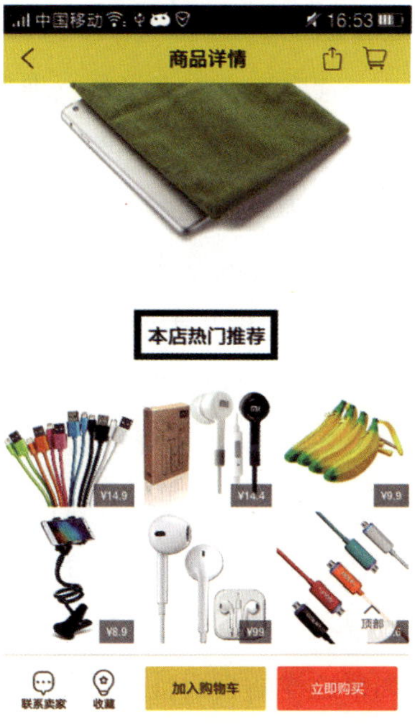

图 1–34 本店热门推荐

1.3.3 图文混排：让顾客全面了解商品

说起“图文混排”，相信很多店主对这个词语都不会感到陌生，因为它的应用范围非常广泛，比如杂志、报刊中，等等。在微店中，图文混排也是各位店主经常使用的一种店铺装修和页面布局方法。

图文混排，具体来说就是将图片和文字按照一定的审美设计混合编排在同一个页面上，其重点就在这个“混”字上。如何将图片和文字合理地进行布局，是每个店主必须要学习的。图文布局设计得合理，不仅可以提升整个页面的视觉美感，同时也能更好地传递商品和店铺信息。相反，如果图文布局设计不合理，那么非但不会起到这些效果，还有可能因为视觉感受差引起顾客的反感。

既然图文混排如此重要，那么，对于图片和文字的编排布局都有哪些要求呢？

1. 图重文轻

如何将所需体现的信息表现好，这是每个店主专业能力的一种体现。进行图文混排时，一定要图重文轻。其中，“图重”并不是要放大量的图片，而是要放重要的图片。“文轻”并不是说文字不重要，而是文字不要太多，将重点表现出来就可以了。

表 1-7 图文混排的布局要求

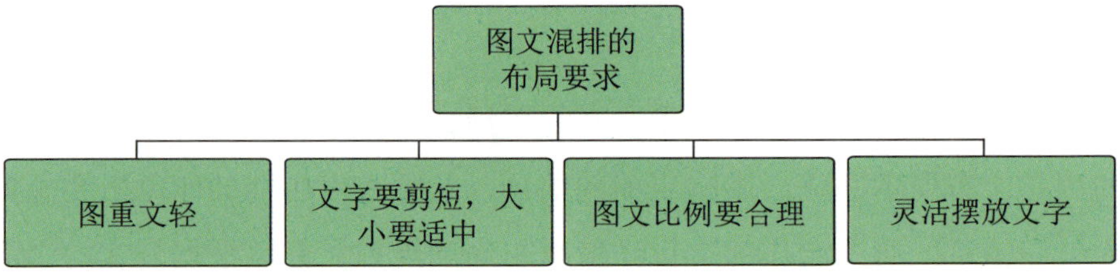

2. 文字要简短，大小要适中

很多店主将大量信息堆砌在图片上，让人看得眼花缭乱，这是非常不可取的。

在页面中，文字要尽量简短，一语中的，避免文字过多而抢夺了商品的风头，或者因为文字太多造成拥挤感，影响页面的美观，给顾客造成浏览上的障碍，甚至引起顾客的反感（见图 1–35）。

同时，图片中的文字大小一定要适中，不能太大，以免引起顾客感官上的不适。如果太小，顾客看不清楚，也会影响图文效果（见图 1–36）。

3. 图文比例要合理

进行图文混排时，店主一定要注意图文比例。至于图片和文字的比例多少更合适，这个并没有固定的说法。

具体来讲，文字简短，充分说明商品卖点，文字大小适中，顾客能看清就可以。如果这样的页面整体看起来很舒适，那么这样的图文比例就算是比较合理的。

图 1-35 页面文字太多

图 1-36 页面文字太大

图 1-37 文字在商品的上方

图 1-38 文字在商品的左方或右方

4. 灵活摆放文字

在图片中，文字的摆放要灵活，可以将其摆放在商品的上面或下面（见图 1–37），也可以摆放在商品的左边或右边（见图 1–38）。具体如何摆放，店主可以根据自己的需要和页面布局进行选择。

总之，所有的设计都是有规律可循的，店主进行图文混排布局时，不能生搬硬套，要灵活运用，只要页面整体看起来比较美观，能够达到预期的效果，这样的图文混排就比较合理。

1.3.4 商品布局要随时调整

适当调整商品布局，能在一定程度提高店铺的销量，这是实体店铺公开的秘诀之一。其实，微店也同样如此。

在微店中，由于没有实体柜台售货，只能是开放、自助式的购物，在这种自选环境下，商品就是最好的装饰品，商品摆放的布局就能起到推荐的作用。

不同时期推荐的商品肯定不一样，同时店铺也需要适当调整商品布局来营造一种新鲜感，所以调整商品布局显得尤为必要。那么，店主如何进行商品布局调整呢（见表 1–8）？

表 1–8 商品布局要随时调整

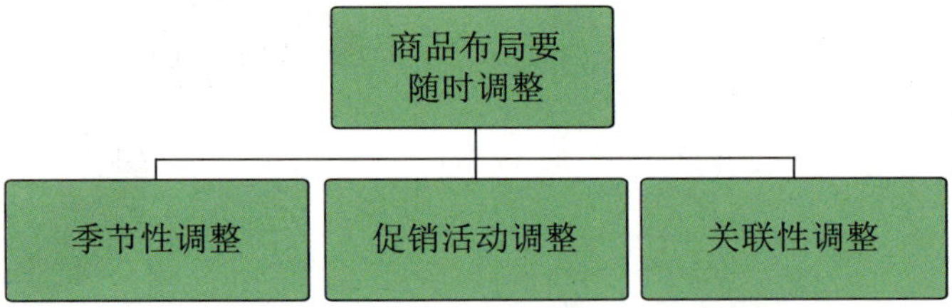

1. 季节性调整

由于季节的变化，顾客的需求也会发生变化。在某段时期内，某件低销量的商品突然会变成热销商品，这时，店主必须要对商品布局进行调整，以便顾客能够快速找到所需商品，这也是提高顾客满意度的手段。

2. 促销活动调整

如果店铺某件商品销量一直不好，为了促进该商品的销售，店主决定搞促销活动。那么，店主需要根据促销商品调整一下商品布局，以便顾客能够在第一时间注意到这件商品，方便顾客购买。

3. 关联性调整

为了提高店铺的销量，店主可以将相关的商品摆放在一起，这样顾客购买其中一件时，看到与其相关的另一件商品，就有可能购买，这也不失为促进商品销售的一种好方法。

总之，商品布局不能一成不变，而是要随时调整。这样不仅满足了顾客的需求，方便顾客购物，还能促进店铺的商品销售。同时，随时调整商品布局，还能给顾客一种新鲜感，吸引顾客随时关注店铺的最新动态，这也是留住顾客的好办法。

1.4 色彩调整：让店铺拥有更强的视觉冲击力

在微店中，店铺色彩搭配是否得当，直接影响顾客对店铺的第一印象。既然顾客对色彩如此敏感，在装修店铺时，店主可以投其所好，对整个微店的色彩进行恰当设计，使店铺拥有更强的视觉冲击力，达到吸引顾客目光的目的。

1.4.1 店铺整体背景与色调设计

对于微店来说，店铺整体背景和色调的设计是很有讲究的。如果设计得好，就会和整个品牌形象以及所售商品相得益彰。相反，如果设计得不好，就会影响顾客的购物心情。

在进行店铺整体背景与色调设计时，背景和颜色一定要认真选择，因为一点点的改变就能带来完全不同的效果。那么，在实际操作过程中，店主该如何设计店铺整体背景与色调呢（见表 1–9）？

1. 符合目标人群的喜好

由于每个人的性格、身份、文化素养不同，相应地，其审美观念和个人爱好也会有所不同。比如，对于年轻人来说，他们可能喜欢一些比较活跃，而且容易

表 1-9 店铺整体背景与色调设计

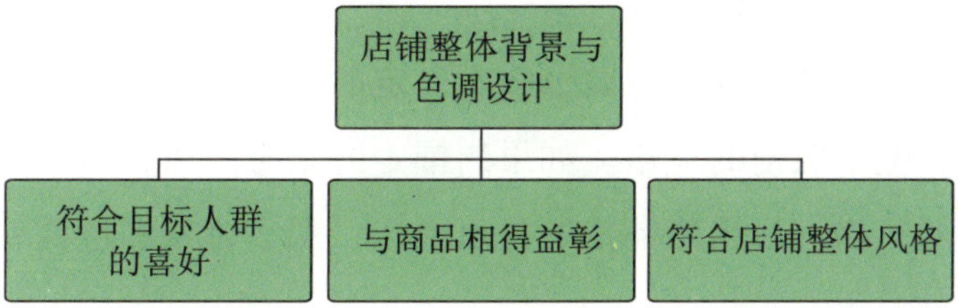

使人放松的色彩。对于中老年人来说，他们则可能比较喜欢中性而稳健的色调（见图 1-39）。

店主进行店铺整体背景与色调设计时，要根据目标人群的特点和爱好去设计。只有获得他们的认可和喜爱，才有可能给店铺带来更高的收入。

2. 与商品相得益彰

背景与色彩的选择和设计，一定要与商品相得益彰。在选择颜色和背景时，店主的眼光要开阔一些，一定要照顾到店铺商品的属性。否则，装修出来的店铺整体背景与色调会显得格格不入。顾客进入店铺看到这样的装修，很容易心烦意

图 1-39 中性而稳健的色调

图 1-40 可爱、活泼的风格

乱，自然不会有耐心浏览商品。

3. 符合店铺整体风格

由于商品不同，其背景和色调也会有一定的差异。但不管背景和色调是什么样，都必须符合整个店铺的风格。如果店铺走的是时尚风，那么背景和色调就必须体现出时尚的风格；如果店铺走的是可爱风，那么背景和色调就要可爱一些，活泼一些（见图 1–40）。

总之，店主进行店铺整体背景和色调设计时，一定要符合店铺整体风格，这样才能保证整个店铺和品牌形象完整、统一。

店铺整体背景与色调设计不仅是一门装修技巧，也是一门色彩艺术，店主用心学习，才能掌握其中的技巧。总之，当你将店铺装修得很漂亮、很美观时，不但拥有了与其他店铺抗衡的竞争实力，还能吸引大量顾客进店购物。

1.4.2 不同品类商品的色调调整

对于店主来说，使用合适的色调不仅可以让顾客感受到不同的视觉观感，还能促进商品的销售。但在实际装修和设计工作中，不同品类的商品往往需要进行不同的色调设计和调整。有时是相机不好，有时是环境不好，拍摄出来的图片可能效果不佳。在这种情况下，要想使页面色彩均匀，整体和谐，就要对画面色调进行调整。

由于商品品类不同，其色调调整也会有很大的差异。那么，如何调整不同品类的商品色调呢（见表 1–10）？

1. 食品类

食品讲究的是安全与营养，在色彩设计上需要传达一种食欲和幸福感，因此

表 1–10 不同品类商品的色调调整

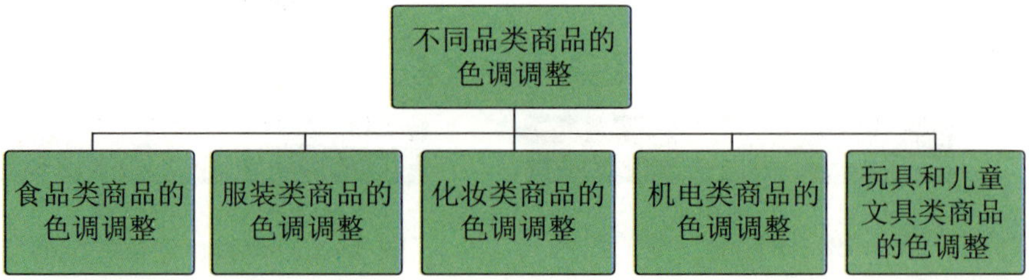

色彩上可以采取暖色系列，比如淡红色、奶油色或桔黄色等，这些色彩都是能够激起人们食欲的颜色。如果是冷色调，势必会使人产生误解，甚至会产生厌恶感。

2. 服装类

对于服装，一般比较讲究时尚与适合，除童装外，应该采用较为高雅的色调。如果是男装，应该采用比较明快的色调，这样能给人一种活力强、有气魄、粗犷有力的感觉。如果是女装，应该采用比较和谐、柔和的色调，这样能烘衬温柔的女性美。

3. 化妆品类

如果是护肤美容的化妆品，可以采用中性色调和素雅色调，比如淡淡的桃红色，就能给人一种健康、优雅与清香的感觉。

4. 机电类

对于机电商品，一般比较讲究科学、实用与效益，可以采用稳重、沉静、朴实的色调。也可以稍加一些有活力的纯色，比如红、黑、蓝色，给人一种坚实、耐用的感觉。

5. 玩具和儿童文具类

如果店主经营的是玩具和儿童文具类商品，想要引起顾客的购买兴趣，可以采用鲜艳、活泼的对比色调，这样才能吸引顾客。

实际上，不同的商品有不同的色彩形象，在调整商品色调时，店主一定要将这一点考虑进去。同时，还要保持商品的本色，给顾客一种真实的感觉，这样更容易获取顾客的信任。

1.4.3 背景和色彩随商品的更新而变化

由于促销或商品更新等因素，店主在对页面进行更新时，其背景和色彩有时可能也需要随着商品的更新进行调整，只有这样，商品图片和页面色彩才能重新达到和谐统一，同时顾客才能看出它的与众不同，不容易产生视觉疲劳。

1. 添加商品卖点

不管是新品上市，还是促销某件商品（见图 1-41），可能都需要在商品图片上添加某些商品卖点，以增加商品对顾客的吸引力，那么，商品的背景和色彩也

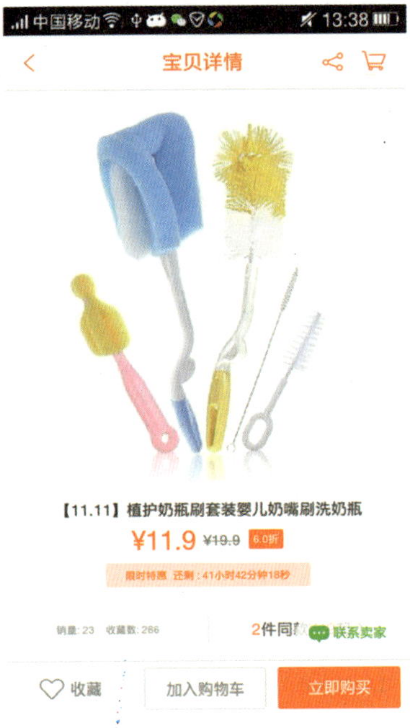

图 1-41 原来的商品页面

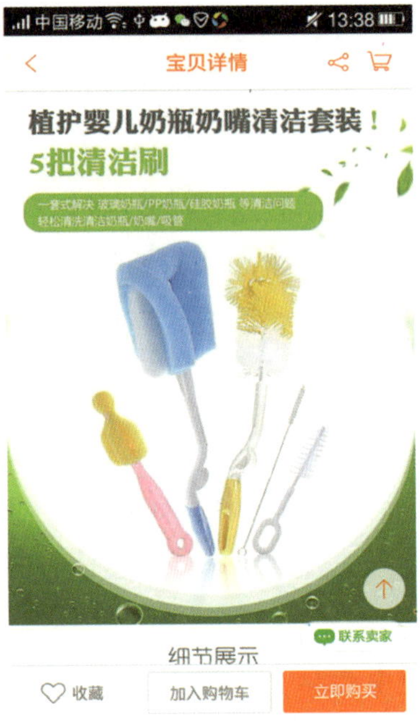

图 1-42 更新后的页面背景和色彩

要随着商品的更新而有所变化。

比如，在图 1-41 所示的商品中，因为店主在图片中加入了“5 把清洁刷”这一新卖点，同时介绍了其具体的功能，为了让图片更好地体现这一卖点，店主在原来图片的基础上，加上了代表清洁和健康的绿色（见图 1-42）。这样就能在突出商品的基础上，同时突出商品的卖点，大大提高图片对顾客的吸引力。

2. 商品展示方式

有时候商品的展示方式发生了变化，其背景和色调也需要随之改变。比如店主经营的是儿童服装，开始以挂式的方式来展示商品（见图 1-43），那么这时的背景一定是单调的，以便突出商品。

之后要将商品展示方式变成模特展示，背景和色调就会与之前不一样。这一变化可以使图片看起来更接地气，能够展示实际的穿着效果，因此会大大增加页面对顾客的吸引力（见图 1-44）。

在这种情况下，虽然商品本身并没有发生变化，但展示方式发生变化了，其背景和色调就需要根据商品的更新而有所变化。

图 1-43 挂式商品展示页面

图 1-44 模特展示商品页面

以上两个例子就是商品更新后，其背景和色调需要进行调整的情况。在实际操作中，店主一定要注意并灵活运用，只有这样才能保持页面对顾客的吸引力，激发顾客的购买欲望，提高店铺的成交率。

1.5 文案设计，让商品信息更完美

在微店中，仅有一张美图，却无相应的文字说明，同样不足以打动顾客。为了吸引顾客，店主可以进行文案设计。图文并茂的形式不仅能够准确地向顾客展示商品，让商品信息变得更加完整，还能让顾客对商品有更加全面的了解，同时增加他们对店铺以及店主的好感，从而达到促进店铺销售的目的。

1.5.1 给微店取个响亮的名字

古人云："赐子千金，不如教子一艺；教子一艺，不如赐子好名。"微店也是如此，一个好的店铺名字，不仅能受到顾客额外的关注，还能帮助店铺塑造良好的形象。

微店名字起得好，顾客比较容易记住。尤其对于新开张的店主来说，有个响亮的店铺名字，可以省去很多推广工作。所以，想做微店生意，店主必须给自己的微店取个响亮的名字（见表 1-11）。

1. 与主营商品相关

为店铺起名字时，店名必须要与自己经营的商品吻合。只有这样，店名才能反映出店铺的经营特色，或者反映出主营商品的优良品质，使顾客从店名就能有

表 1-11 给微店取个响亮的名字

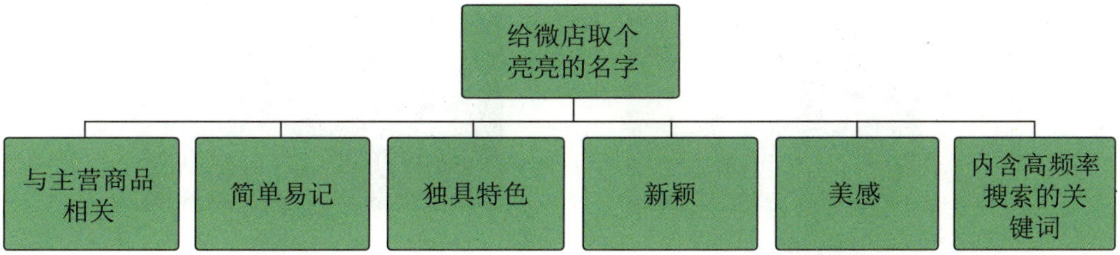

效识别店铺的经营范围，产生浏览和购买的欲望，比如星曜天堂伞专卖店（见图 1-45）。天堂伞作为知名品牌，早已被人熟悉，因此，顾客一看到“天堂伞”这几个字，就知道是卖伞的。

如果店主为了追求时尚，所起的店名与商品没有任何关联，即使店主经营的商品是顾客所需，也很难让顾客有效识别出来，自然就谈不上成交了。

图 1-45 店名与主营商品有关

2. 简单易记

对于店主来说，所起店名不能太复杂，更要尽量避免使用生僻的汉字、符号或字母，因为这样的店名不容易被顾客识记，读起来也拗口，不利于传播。相反，店名一定要简洁明了，通俗易懂，读起来琅琅上口，这样不仅易于传播，而且容易被顾客记住（见图 1-46）。

3. 独具特色

如今微店店铺数不胜数，如果店名很普通，没有特色，就很难与其他店铺产生差异性，更难以被顾客记住。同时，如果重名或名字相近的店铺较多，那么顾客也很难在众多重名店铺中找到你的店铺。

店名应尽量做到与众不同，有特点，有个性（1-47），这样不仅可以在众多店铺中脱颖而出，还能通过店名体现出一种独特的品位和风格，吸引潜在顾客的注意。

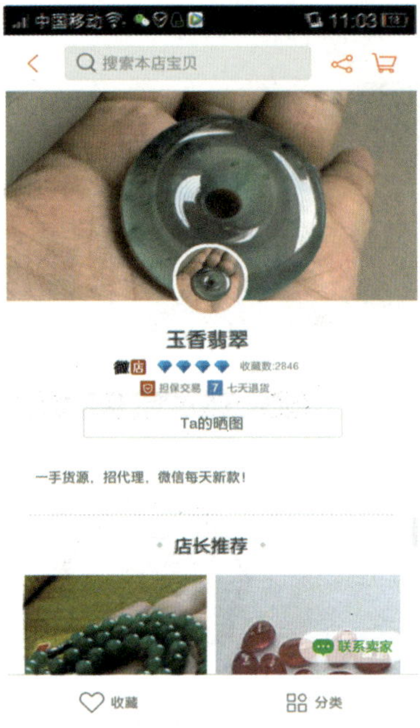

图 1-46 简单易记的店名

图 1-47 独具特色的店名

4. 新颖

一般来说，能够迅速抓住顾客眼球的店铺，其店名一定新颖有味儿，能引起顾客的兴趣和关注，吸引他们光临店铺。比如：有滋有味（见图 1–48），这样的店名就能引发顾客的兴趣和好奇心。

5. 美感

店名用词应尽量符合国人审美习惯，创造一种美感，亦或是美感与艺术修养相结合，这样的店名更有文化底蕴，比如桐花阁（见图 1–49）。不过，店主也要尽量避免剑走偏锋，使用一些晦涩、低俗的名字，以免适得其反。

6. 内含高频率搜索的关键词

在微店平台中，顾客常常需要搜索自己想买的宝贝和店铺。为了提高店铺被搜索到的概率，店主可以使用一些顾客高频率搜索的关键词（见图 1–50），以增加店铺的关注度和客流量。

店名对店铺的影响极为深远，拥有一个好的店名，不仅是店铺一笔永久性的精神财富，也是店主成功开店，实现品牌梦想的关键一步。因此，店主一定要对

图 1-48 新颖的店名

图 1-49 具有美感的店名

图 1-50 内含关键词的店名

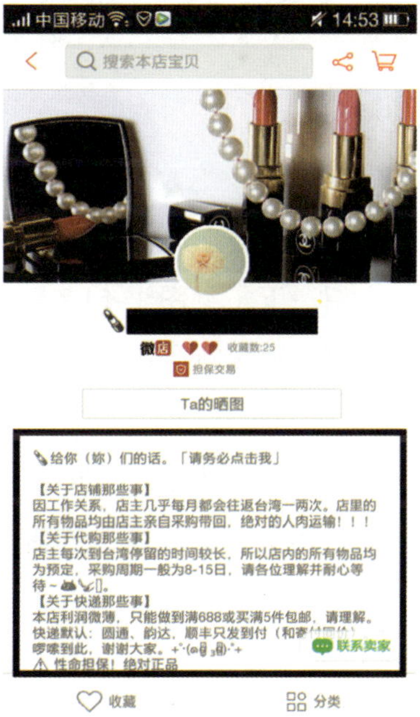

图 1-51 店铺基本信息

此予以重视。

1.5.2 店铺公告文案设计

不管是网店还是微店，都有公告栏功能。通过这个功能，店主可以向进店顾客展示品牌故事、品牌宗旨、店铺介绍、商品来源、联系方式、开店理由以及崇尚的理念等信息。

店铺公告在店铺中占据非常重要的地位，它不仅是店铺信息传播的关键“场所”，同时也是顾客了解和信任店铺的窗口。但是，由于页面空间有限，店铺公告内容文字应尽量简短，最好能一针见血，准确地将信息传递给顾客。

那么，应该如何设计店铺公告文案呢（表 1–12）？

表 1–12 店铺公告文案设计

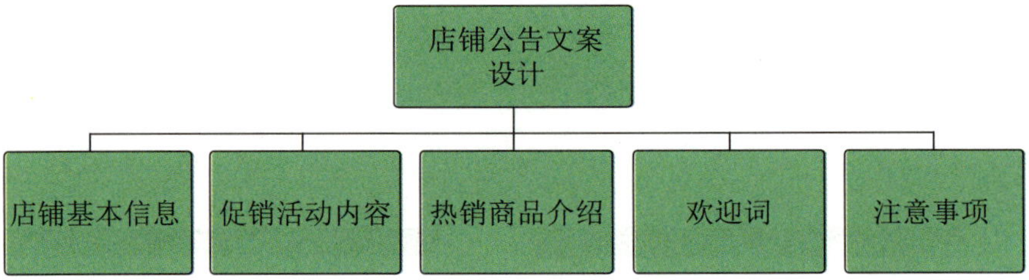

1. 店铺基本信息

除了老顾客外，绝大多数顾客都是第一次进入店铺，对店铺的基本情况了解不多。如果店主能够在店铺公告上将店铺的基本信息，比如店铺默认的快递公司、邮递费等介绍一下（见图 1–51），他们常常能通过这些信息对店铺的基本情况有个大致的了解，加深对店铺的印象，快速建立对店铺的信任。

2. 促销活动内容

在店铺公告上，店主可以将促销活动信息详细地写在上面（见图 1–52），比如购物优惠、店铺开张纪念日优惠等。当顾客进入店铺后，第一眼就会看到店主精心策划的促销活动。如果促销信息能够吸引人，将大大提高店铺的销量。

3. 热销商品介绍

美丽的物品让人追捧，实用的东西让人爱不释手。在店铺中，总有那么一两款商品不仅质量好，价格也很便宜，因此非常受顾客欢迎。对于老顾客来说，性

图 1–52 促销信息

图 1–53 热销商品介绍

比价高的爆款商品，不用店主介绍，就会直接选择购买。

对于新顾客来说，由于对店铺一无所知，自然对店铺的热销商品不了解。要想吸引这样的顾客成为自己的新顾客，店主可以在店铺公告上将热销商品介绍给他们（见图 1–53），以增加店铺的吸引力。

4. 欢迎词

有些新开张的店铺可能既没有搞促销活动，又没有爆款商品介绍，加上自己开店经验不足，无法告诉顾客重点注意事项。在这种情况下，店主可以在店铺公告上写一些欢迎词（见图 1–54），比如店铺新开张，欢迎各位朋友过来，吃遍世界美食……这样的店铺公告，即使店主不在线，顾客看到后，也会感觉自己是受欢迎的。

5. 注意事项

为了减少后期纠纷和退换货情况的发生，在店铺公告栏上，店主可以写一些注意事项（见图 1–55）。比如：商品保质期为 25 天，易碎，一经发货，不接受退换货！有了这样的公告，顾客看到这些信息后，就会对店铺商品多一些了解，

图 1-54 欢迎语

图 1-55 注意事项

即使购买过程中出现问题，也不会因退换货对店铺抱怨不已，反而会给予店铺理解，这也是留住新顾客的有效手段。

以上这些都是店铺公告的几种文案设计。除了这些信息外，店主还可以将店铺动态或新品上市信息写在店铺公告上。但是，不管是什么信息，店主在店铺公告上提供的文案都不要太复杂，应易于顾客接受，将商品或服务信息清晰、准确地传递给顾客。同时，还要符合店铺的形象，与品牌紧密关联，以强化店铺在顾客心目中的地位。

1.5.3 写好商品标题

对于微店来说，商品标题是最重要的文案要素。现实生活中，面对一则广告，四个人中有三个人会看标题，但只有一个人会阅读内文，标题的重要性由此可见一斑。

一个好的商品标题会锁定目标顾客，引起顾客的好奇心，甚至促使顾客直接购买商品。对店铺来说，这样会大大提高商品的浏览量，对店铺的兴旺发达起到非常重要的作用。

那么，店主如何写好商品标题呢（见表1-13）？

表1-13 写好商品标题

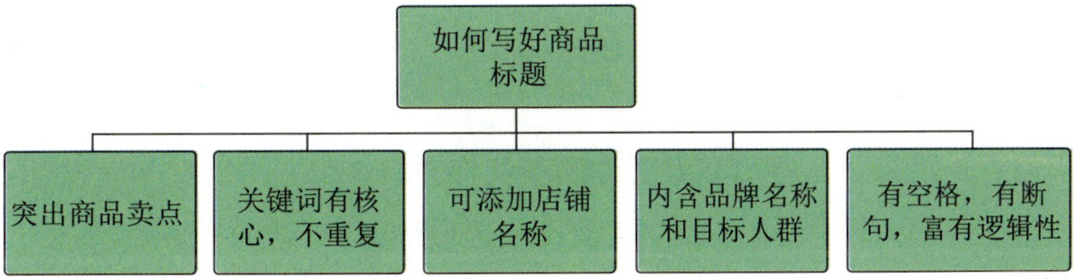

1. 突出商品卖点

很多强有力的标题会向顾客传递一个利益点，这个利益点就是顾客需求，也就是商品卖点。当商品卖点与顾客需求相吻合时，顾客就会产生购买欲望。

一个好的商品标题，一定要突出商品卖点。不管是促销活动，还是商品优点，甚至是新鲜事物，只要是商品独有的功能和特性，都可以将其放入标题里面。

2. 关键字有核心，不重复

对于标题中的关键字，一定要有一个核心点，否则容易让顾客摸不着头脑，无法了解店主真正想要表达的信息。

另外，如果标题已写好，店主一定要仔细查看一下关键字是否有重复的地方，以免顾客只能搜索这些有限的关键词才能进入店铺，降低搜索到店铺的概率，从而影响店铺的曝光率。

3. 添加店铺名称

在商品标题中，加上店铺名称不仅利于店铺宣传，而且会让顾客对店铺的印象更加深刻。即使他们没有立即收藏你的店铺，也会因此记住你的店铺。在需要的时候，人们搜索店铺名称，便可以搜索到你的店铺。

4. 内含品牌名和目标人群

商品名称是商品标题必备的要素。除此之外，店主在商品标题中也可以加上品牌名称和目标人群。

加上品牌名称，是顾客确认品牌最容易的办法。加上目标人群，是抓住顾客注意力的必胜秘诀。这样的标题等于告诉顾客，该商品与他们息息相关。

5. 有空格，有断句，富有逻辑性

标题必须要有逻辑性，否则会造成顾客阅读没有连贯性，浏览起来比较困难，也难以理解。另外，标题是各关键字组合而成的，如果这些关键词没有关联，标题又没有空格和断句，顾客阅读起来会很吃力，而且很难理解标题真正想要表达的意思。

总之，商品标题是吸引顾客关注的很关键一点，店主一定要多花些心思，想出一个好的标题，让商品在标题的衬托下更有吸引力。

1.5.4 如何编写商品详情

在微店中，商品详情相当于一个导购或解说员，可以为顾客展示商品全方位的信息。想要做好商品详情，店主必须要了解自己的商品，其属性、优点是什么，它能解决顾客什么样的问题，等等。然后再通过一系列的事实去证明你所介绍的商品确实如你所说。做到这些，顾客基本上都会购买你的商品。在具体实践中，店主该如何编写商品详情呢（表 1-14）？

表 1-14 如何编写商品详情

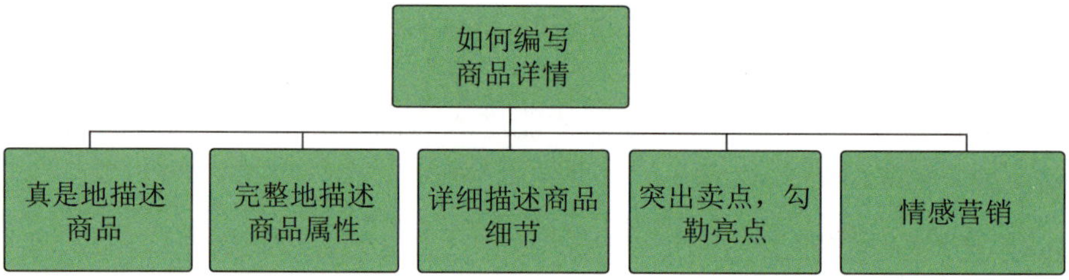

1. 真实地描述商品

微店是一个虚拟的交易平台，顾客无法接触到真实的商品，在这种情况下，微店卖货其实就是卖商品描述。

对于店主来说，前期推广工作做得再好，如果顾客打开你的店铺，只看到几张简单的图片，即使价格优惠也很难下决心购买。所以，设计商品详情就成了微店开店最基本的一项工作。

在现实中，即使商品本身的档次和质感没有达到某个层次，有的商家也会刻意做出过分夸大或虚假的描述，以至于顾客购买后，发现商品描述与实物不符。这样导致的不仅是给店铺差评，还有可能要求退货，甚至投诉维权。对于店主来说，这是精神和资金的双重损失。店主一定要真实地描述商品，以免引起不必要的售后纠纷。

2. 完整描述商品的属性

一般来说，商品属性是否完整，直接影响顾客的购买决定。

在描述商品属性时，一定要确保完整。具体来讲，对商品属性进行描述时，首先要介绍商品品牌，这是最有力的说明。从某种程度上来说，商品品牌诠释了商品的质量、售后服务以及风格等。其次，商品属性必须包括规格、质地、产地、颜色、有效期等信息，越详细越好。这样不仅有利于顾客了解商品，还能减少沟通成本。

3. 详细描述商品细节

为了吸引顾客购买，很多店主都会多拍些商品细节图。在描述商品细节时，一定要把细节描述得尽量详细一些，以便顾客完整、详细地了解商品。

对于顾客来说，看到这种既真实又详细的描述，就像自己在实体店中观察商品一样，对商品的边边角角都可以了解得透彻到位。同时，顾客也会从商品细节描述中感觉到店主的真诚，因此也就更容易下决心购买。

4. 突出卖点，勾勒亮点

在市场中，销售同类商品的店铺比较多，要想从众多店铺中脱颖而出，让顾客选择你而放弃其他店铺的商品，就需要店主将商品亮点和特色展示给顾客。

如果店主强调的是一些大家都有的东西，卖点不突出，顾客就无法区分你的商品与其他商家的不同之处，这样会降低店铺的成交率。

相反，如果突出商品卖点，点出商品亮点，顾客看到后，就会做到心中有数，购买时，自然会选择他们印象最深刻的商品。

具体来讲，商品的卖点和亮点，可以是在质量、档次上超越同类商品的地方，也可以是在同质量商品中有较高的性价比或较低的价格。如果你的商品特性是顾客关注和在意的，满足了顾客某方面的诉求，就会大大提高订单的成交率。

比如，同一款式的衣服，你的商品标价较高，那么在与同类商品进行对比时，就要重点向顾客展示你的商品材质、布料优于其他商品，或者做工更为细腻。将这些具体细节展示出来，可以帮助顾客了解你的商品优势，自然那些重视商品质量的顾客就会选择购买你的商品。

5. 营造感性环境

在商品详情中，除了强调商品本身的质量外，店主还可以将顾客购买商品的愿望、希望、理想融入商品描述中。

比如，店主售卖的是有关减肥的商品，那么购买此商品的顾客都希望自己拥有完美的身材，动人的曲线。这是许多减肥人士的梦想。在商品描述中，店主可以添加这一诉求，为顾客创造一个令人印象深刻的感性体验，好似自己真的使用过该商品一样，紧紧抓住顾客的心。

除此之外，店主还可以赋予商品感性特征，代入情感环境。如果商品本身比较生硬，容易让人产生一种冷冰冰的感觉。若按传统方式进行描述，虽然比较客观，但可读性不强，也没有感染力。如果店主用感性的文字将其优点表现出来，这样不但使文案有了可读性，而且对描述的商品也能起到很好的宣传作用。

总之，要想做好商品详情介绍，店主必须要分析自己的商品，分析顾客需求，将商品的特点、优势真实、全面地展示出来。卖点突出，文字简练，这样才能提高顾客转化率，充分发挥商品详情的作用。

第2章

CHAPTER TWO

微店首页设计

在微店中，首页相当于店铺的门面，可以体现整个店铺的格调、风格和层次，其设计的好坏，直接影响顾客对微店的第一印象。如果你的微店首页设计独特并且富有美感，不但可以吸引顾客的眼球，还可以提高顾客继续浏览下去的兴趣。因此，店主一定要对微店首页加以重视，充分发挥首页的推广作用。

2.1 微店首页日常设计

微店首页日常设计，就是在日常经营中微店首页的设计。我们知道，一个精简的首页会让人一目了然，但很多人却将商品信息填满整个页面，根本不顾及顾客浏览首页的感受，导致店铺成交率很低。

微店首页日常设计必须要简洁、整齐，让顾客有清晰、舒服的感受，有整体上的美感，从而让顾客对你的微店产生好印象。

2.1.1 焦点图轮播设计

无图不成焦点，焦点必须有图片。可以说，焦点图也是图片内容的一种展现形式。

具体来说，焦点图轮播设计就是由一张图片或多张图片自动轮番播放，展示在首页上。因为图片是动态的，因此具有一定的视觉吸引力，容易引起顾客的注意。

在实际操作中，店主应该如何进行焦点图轮播设计呢？

对于焦点图的轮播设计，一般建议设定为三轮播，并且每个轮播画面的设计都是不同的。

1. 第一轮播设计

焦点图第一轮播一般设置为店铺活动信息海报。

设计第一轮播图时，店主需要根据活动主题去设计，突出主题活动利益点，同时色彩搭配要合理，信息要素要单一。不能在轮播中呈现太多信息，以免信息元素过多，造成结构混乱，没有重点。

由于手机屏幕较小，浏览信息受限，顾客不可能在店铺中多做停留，更不会耐心细读各种细节文字，所以在店铺首页中，作为焦点图第一轮播的活动海报，信息要清晰可见，避免多重信息，争取一秒击中顾客，抓住顾客眼球。

图 2-1 爆款单品海报

2. 第二轮播设计

焦点图第二轮播一般设置为爆款单品海报（见图 2-1）。

设计爆款焦点图时，信息展示和排版设计要简洁。文字要少而精，一语中的，突出商品。这是焦点图第二轮播的设计要点。

3. 第三轮播设计

焦点图第三轮播可以设置为配合大促信息做单品爆款推荐活动（见图 2-2）。

图 2-2 单品爆款推荐

设计单品爆款焦点图时，一定要注意画面结构，内容要少而精，信息不可过多，只有这样才能吸引顾客购买。

以上是焦点图轮播设计技巧，掌握这些技巧后，店主就可以到微店中进行设计了。

首先，在微店主页面点击“微店”。进入微

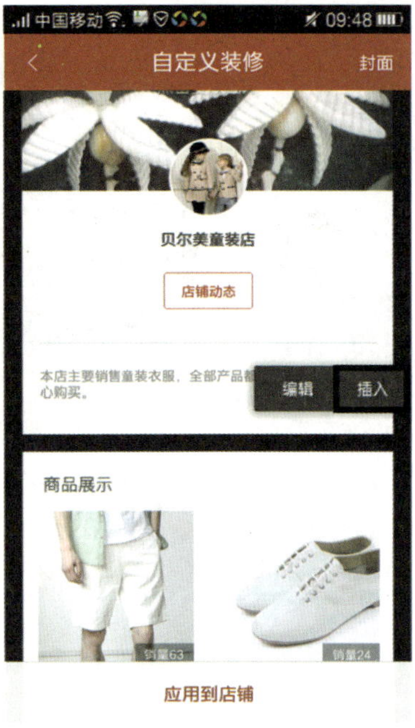

图 2-3 选择“插入”

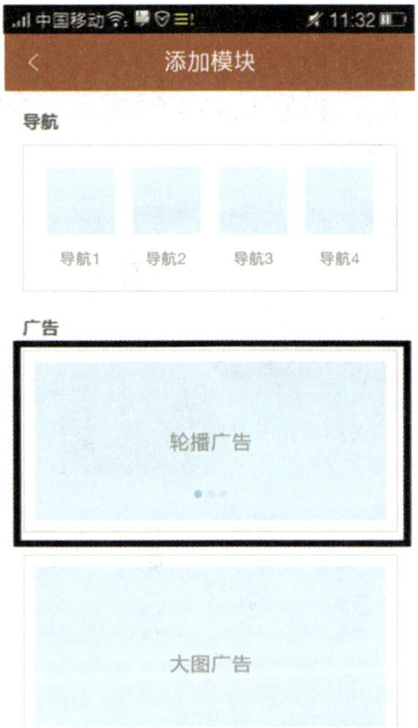

图2-4 点击“广告”中的“轮播广告”

店管理页面后，点击“店铺装修”。在自定义装修页面中，会看到“编辑”和“插入”两个选项，这里选择“插入”(见图2-3)。进入添加模块页面，点击广告中的“轮播广告”（见图2-4）。

在编辑轮播广告页面中,你会看见两个广告。因为设计的是轮播广告，所以这里先编辑“广告1”。在“广告1”中需要添加图片，可以点击虚线正方形式样的图形(见图2-5)。进入“选择图片”页面，直接选中需要添加的图片（见图2-6），也可以先用照相机拍照，再选中拍照的图片。

选中图片后，进入修剪照片页面。店主在这里可以对选中的图片进行裁剪。调整好图片的裁剪区域后，点击下方的“√”（见图2-7），这时图片就完成了添加。

接下来，店主还需要添加广告链接，点击蓝色字体“添加广告链接”即可（见图2-8）。

之后页面会弹出两个选项,一个是商品链接，另一个则是分类链接。在选择时，店主可以根据自己的需求确定，这里选择“分类链接”（见图2-9）。进入“添加分类”页面后，点击该类商品即可（见图2-10）。

这时该类商品链接就会显示在图片下方（见图2-11），“广告1”已经编辑好了。然后还需要编辑“广告2”。按照编辑“广告1”的方法，需要先添加图片(见图2-12),再添加“广告链接”。

点击“添加广告链接”后，店主根据自己的需求，从“商品链接”和“分类链接”两个选项中选择其中一个，这里选择“商品链接”（见图

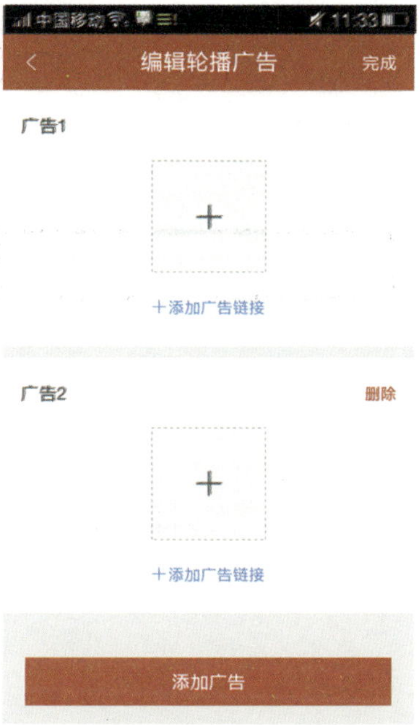

图 2-5　点击虚线正方形式样的图形

图 2-6　选中需要添加的图片

图 2-7　点击下方的“√”

图 2-8　点击蓝色字体“添加广告链接”

图 2-9 选择“分类链接”

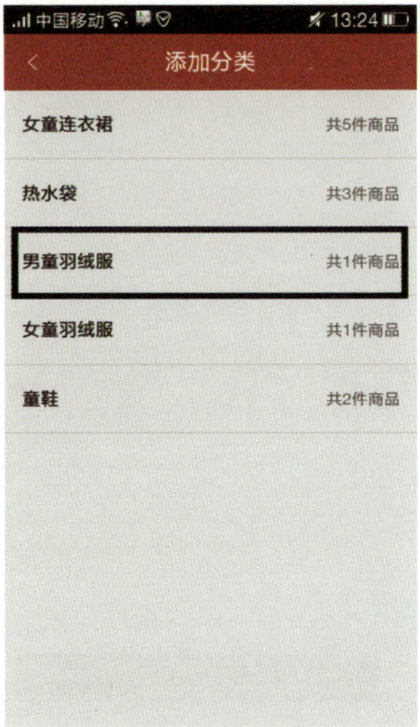

图 2-10 点击该类商品

图 2-11 商品链接已添加

图 2-12 图片已添加

2–13）。在“选择商品”页面中选中商品（见图 2–14）。

然后该商品链接就会显示在广告 2 的版面上（见图 2–15），“广告 2”已完成编辑。接下来点击红色按键“添加广告”，就会出现一个“广告 3”界面（见图 2–16）。

需要编辑“广告 3”时，按照“广告 1”和“广告 2”的添加方法，添加上图片和广告链接（见图 2–17、图 2–18），再点击右上角“完成”就可以了。

图 2–13 选择“商品链接”

在“自定义装修”页面中，我们可以看到已编辑好的焦点图（见图 2–19），这也说明焦点图已经设计好了。当店主将店铺链接或商品链接分享给顾客时，顾客通过链接就能进入店铺，并在店铺首页看到店主精心设计的焦点图（见图 2–20）。

在店铺装修中，首页设计为重中之重，而焦点图轮播是微店首页中最具特色，同时也是最能引起顾客注意力的一个模块。店主一定要对此模块设计加以重视，最终实现模块应有的效果。

图 2–14 商品链接已添加

2.1.2 商品分类展示

市场上的商品种类繁多，店主经营的商品不可能只有一两件，为了方便顾客购买，同时也为了更好地管理商品，店主需要对众多商品进行科学分类。

一般来说，顾客进入店铺后，点击首页中的“商品分类”，就能看到店铺内的商品分类展示（见图 2–21）。商品分类是否合理、清晰，会直接影响店铺的转化率。

图 2-15 商品链接已添加

图 2-16 “广告 3”界面

图 2-17 图片已添加

图 2-18 添加广告链接后的效果

图 2-19 已编辑好的焦点图

图 2-20 焦点图

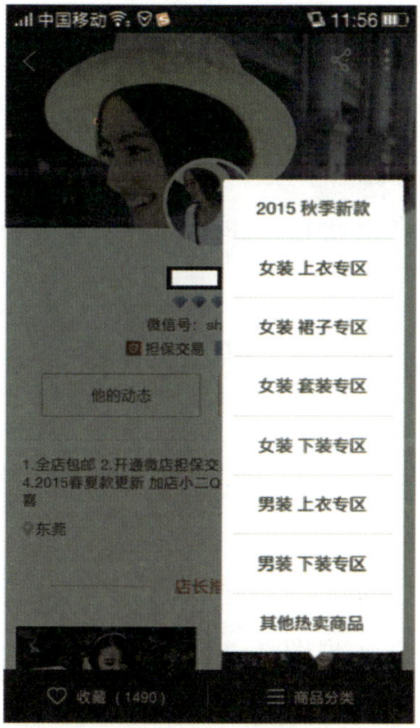

图 2-21 商品分类展示

图 2-22 点击“商品”

那么，如何做好商品分类展示呢？

想要做好商品分类展示，首先要对商品进行分类。一般来说，商品用途、原材料、生产方法等，这些都是商品最本质的属性和特征，也是商品分类中最常用的分类依据。

另外，进行商品分类时，要遵守分类的基本原则，即明确分类的商品范围，满足顾客需求，保持商品分类的科学性。

一般来说，商品分类有两种方法，一种是线分类法，另一种则是面分类法。其中，线分类法又可以称为“层级分类法”，它是拟分类的商品集合总体，主要根据选定的属性或特征，将商品分成若干个层级类目，编制成一个有层级的、逐级展开的分类体系。

线分类体系的表现形式为按大类、中类、小类等级别不同的类目逐级展开，具体如下。

1. 大分类

大分类一般按照商品的特性划分，比如水产品是一个大分类，与水、海、河有关的商品都属于这一分类。

2. 中分类

中分类可以按照商品的功能、用途划分。比如，在杂货类这个大分类中，可以划分出家庭用品的中分类，也可以按照商品的制造方法或商品特性来划分。比如，中分类设置为“进口水果”，那么所有国外进口水果都可以放在这个中分类中。

3. 小分类

小分类可以按照中分类的分类办法再进行分类，其分类依据可以是功能用途、商品成分或商品口味、规格、包装、形状等。

懂得商品分类的方法后，店主就可以进入自己的店铺，对店铺中的商品进行分类了。

首先，点击微店 APP，进入“微店”主页面，点击“商品”（见图 2–22）。在商品管理页面中，选择右上角的“分类”（见图 2–23）。

进入“新建”与“编辑”分类界面，左下角有个“新建分类”，点击它（见图 2–24），就可以分类你的商品了。在新建分类名称界面中，输入商品分类的名

图 2-23　点击“分类”

图 2-24　点击“新建分类”

图 2-25　点击“确定”

图 2-26　新建商品分类名称已建立

图 2-27 “未分类”页面

图 2-28 点击“批量操作”

图 2-29 选中商品

图 2-30 选中商品分类名称图

称，然后点击“确定”（见图 2–25）。

这时，在“新建”与“编辑”分类页面中，就能看到新建的商品分类名称了（见图 2–26）。然后店主需要点击“未分类”。

在“未分类”页面中（见图 2–27），点击右上角“管理”，会出现“批量操作”。点击它（见图 2–28），进入管理未分类页面，店主可以批量选中属于同类的商品。选中商品后（见图 2–29），点击下面的“分类至”，就可以将该商品分到某一类商品中了。

这时页面会出现已建好的商品分类名称。如果页面中没有属于该商品的分类名称，可以点击“新建分类”。如果有，直接选中它（见图 2–30）并点击“确定”，这些商品就批量分类到该商品分类名称中去了（见图 2–31）。

2–31 商品已完成分类

设置商品分类时，一定要以简单明了、易于管理为原则。除此之外，商品分类要充分体现店铺的个性特点。最终不但要能让顾客充分感受到店铺的商品齐备和丰富性，还能增加顾客购买商品的便利性。

2.2 微店首页大促结构设计

微店大促，对于每位店主来说都是销售商品的大好时机，因此每逢节假日或者“双11”来临，所有店主都会在店铺首页精心设计大促页面，吸引买家眼球，增加点击率，从而提高自己的营业额。

为了做好微店大促，店主必须要掌握好微店首页大促结构，并设计好大促首页，这样才能充分发挥微店大促的吸引力，从而获得更多的收益。

2.2.1 修改店铺公告

微店的店铺公告是顾客了解店铺最好的地方，所以在此区域内，用最简洁明了的文字传递最重要的信息是一件很重要的事情。

店主如何编写店铺公告，才能达到传递信息、赢得顾客青睐的预期目的呢？下面推荐一些店铺公告类型。

1. 店铺公告一

Hi，大家好，我是新卖家。我家小店商品质量绝对有保证，都是纯手工制作的工艺品哦！

2. 店铺公告二

大家好，欢迎大家光临 ×× 店铺，很高兴认识各位朋友。因为喜欢，所以努力！希望大家多多捧场！

3. 店铺公告三

本店商品全部来自正规渠道，请大家放心购买。另外，本店一直以薄利多销为原则，商品性价比高，绝对物超所值，欢迎大家选购。

以上是最常见的几种店铺公告形式，其中，“店铺公告一”清楚地告知顾客店铺主营商品是什么；“店铺公告二”是店主为了拉近与顾客的距离而主动向顾客打招呼；“店铺公告三”是店主为了获得顾客的信任而向顾客做出的保证。这几种只是设置店铺公告的众多形式之一，店主可以学习借鉴。

当然，店主也可以参照别人的编写要点，看一些好的店铺或者卖家都是怎么编写的，或者有时间研究一下一些实体店的店铺介绍，再根据自己店铺的实际情况，写出适合自己店铺的介绍。因为第一章已经为大家介绍了店铺公告的设置方法，这里就不一一详述了。

此外，大家知道，店铺公告并不是编写、设计一次就可以一劳永逸的。实际上，店铺公告需要根据节假日的变化或者店铺的实际活动需求适时作出调整和修改。

如果店主想要更换现有的店铺公告信息，那么如何修改店铺公告呢？

在微店主页面点击“微店”，进入微店管理页面，点击店铺头像（见图 2–32）。在微店信息页面中，找到并点击“微店公告”（见图 2–33）。

进入“微店公告”页面后（见图 2–34），将现有的公告信息删除，并输入将要编辑的公告信息。输入微店公告信息后（见图 2–35），点击右上角“完成”。这样，店主就完成了店铺公告的修改工作。

好的公告信息不但能帮助顾客快速了解店铺的情况，而且还会给店铺的贴心服务加分，所以店铺公告信息要及时更新。当店主懂得如何修改店铺公告后，就能快速完成店铺公告的更换了。

2.2.2 商品信息更新与调整

有时候，店铺可能需要根据实际销售情况对商品信息进行更新或者调整。店

图 2-32 点击店铺头像

图 2-33 点击“微店公告”

图 2-34 “微店公告”页面

图 2-35 输入微店公告信息

铺新进一批货物后，店主也需要下架不流行的旧款商品。这时店主就需要及时对商品信息进行更新与调整，以便顾客了解商品的最新情况。更新后的商品信息，也更容易受到顾客的关注。

时时进行商品信息更新与调整，是每个店主必须要做且需要长期坚持的一项基础又很重要的工作。那么，如何进行商品信息的更新与调整呢？

打开微店 APP，在微店主页面点击“商品”。进入商品管理页面，点击需要更新信息的商品（见图 2-36）。然后在编辑商品页面中（见图 2-37），店主就可以编辑该商品信息了。

在编辑商品信息时，店主可以根据自己的需求，修改商品描述、价格、库存等信息（见图 2-38）。也可以设置“店主推荐”，或者设置优惠条件，比如包邮等（见图 2-39）。编辑完商品信息后，点击右上角“完成”。

这时，在商品管理页面中，就可以看到该商品了（见图 2-40）。这也表明店主完成了该商品的信息更新与调整工作。

如果店主想下架某件商品，可以点击该商品（见图 2-41）。在编辑商品页面

图 2-36 点击需要更新信息的商品

图 2-37 “编辑商品”页面

图 2-38 编辑商品信息页面

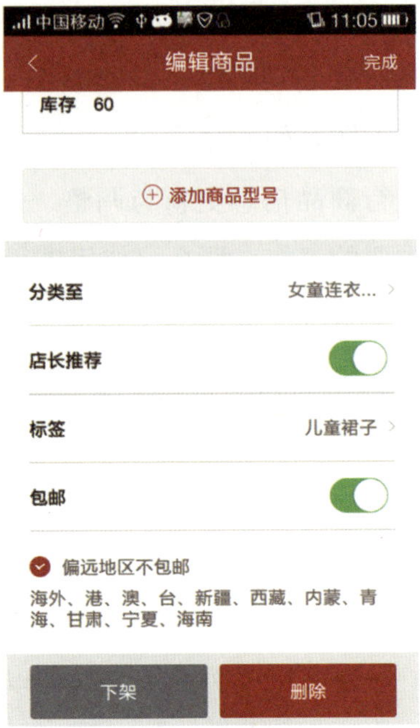

2-39 设置商品信息

图 2-40 商品信息的更新与调整

图 2-41 点击“商品”

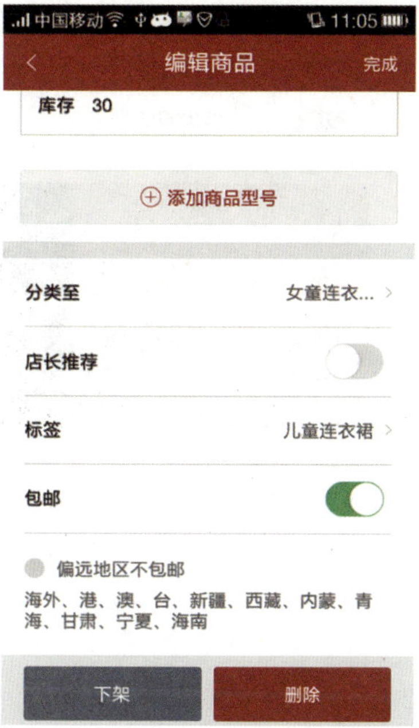

图 2-42 点击“下架”

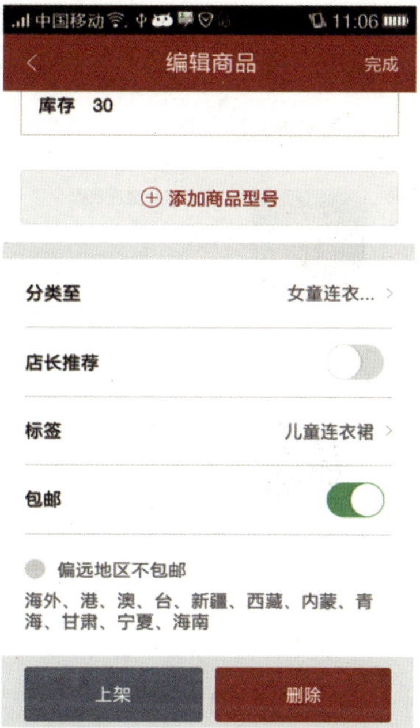

图 2-43 “下架”按钮会变成“上架”

中的下拉页面，点击灰色按键“下架”（见图 2–42）。

这时“下架”按钮会变成“上架”（见图 2–43），说明该商品已下架。点击右上角“完成”，店主就能在已下架页面中看到该商品了（见图 2–44）。

以上是商品信息更新与调整的基本操作。当然，除了这些以外，店主还可以更新商品并完成上架等。总之，为了让顾客保持新鲜感，同时也真实地反映商品信息，店主必须经常更新与调整商品信息，做好相关维护工作。

2.2.3 优惠券设计

不管是实体店还是微店，优惠券的使用都很普遍，优惠券早已成为各位商家进行促销活动的重要手段（见图 2–45）。

如果店主能够合理利用优惠券，不但能提高老顾客的复购率和忠诚度，还能提高店铺的销量，所以优惠券的作用不可小觑。在微店中，店主如何设计优惠券呢？

设计优惠券之前，首先要明确设计优惠券的目的，比如是为了提高店铺人气，还是吸引潜在顾客的关注。

图 2-44 已下架商品页面

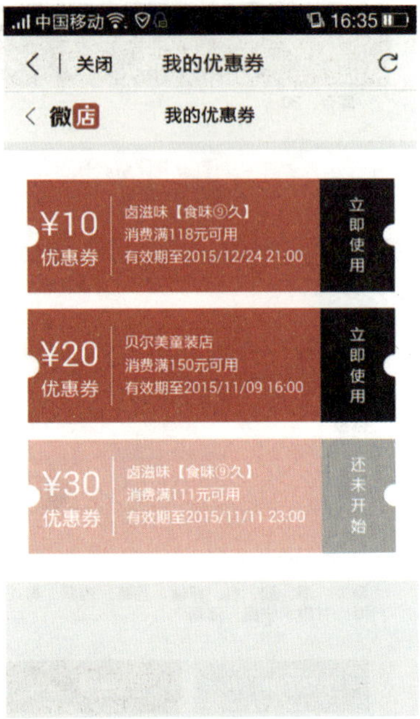

图 2-45 优惠券

其次，要根据促销主题，契合顾客的购买需求，合理设置使用优惠券的门槛，比如购物满 200 元可以使用等。

再次，根据优惠券使用条件，设置相应的优惠券面值，比如 10 元优惠券。

最后，店主还要限制优惠券的使用日期，让顾客产生紧迫感。

一般来说，优惠券的使用门槛限制越低，面值越高，对顾客的吸引力越大，优惠券使用率也会越高。当店主将这些细节都考虑到了，基本上就能制作出一张完整的优惠券了。

那么，店主如何在微店中使用优惠券功能呢？

首先，打开微店 APP，店主需要在微店主页面点击“营销”（见图 2–46），然后进入“营销推广”页面，点击“店铺优惠券”（见图 2–47）。

进入“店铺优惠券”页面后（见图 2–48），店主需要点击“添加店铺优惠券”，进入“店铺优惠券”编辑页面（见图 2–49）。

在此页面中，店主可以根据自己的需求，填写店铺优惠券的基本信息，主要包括优惠券的面额、订单下限、优惠券的库存、领券限制以及使用有效期。

图 2-46 点击“营销”

2-47 点击“店铺优惠券”

图 2-48 “店铺优惠券”页面

2-49 “店铺优惠券”编辑页面

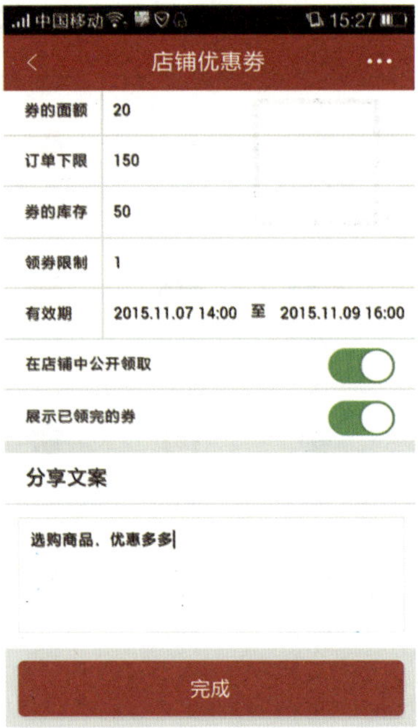

图 2-50 点击“完成”

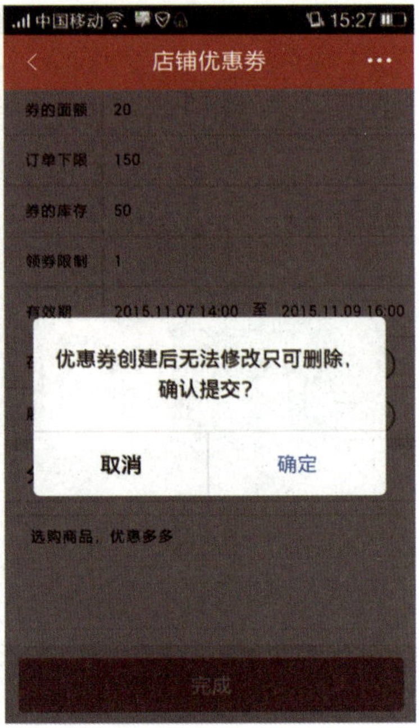

图 2-51 点击“确定”

填写完成优惠券的基本信息后，店主还可以打开“展示已领完的优惠券”，并输入“分享文案”等内容，点击“完成”即可（见图 2-50）。这时，系统会弹出一段提示“优惠券创建后无法修改只可删除”，点击“确定”（见图 2-51）。

然后，在店铺优惠券页面中，店主就可以看到创建好的优惠券了（见图 2-52）。优惠券创建好后，分享给顾客。顾客进入店铺后，就能看到店铺显示的优惠券（见图 2-53）。如果店主还想设计其他优惠券，可以根据自己的需求，按照这种操作流程来创建。

如果店主想了解优惠券的使用情况，可以点击优惠券下方的“查看报表”，这样就能看到店铺优惠券的领取和使用详情了（见图 2-54）。

优惠券的优势在于，它不但能为持有优惠券的顾客带来额外的独享满足感，还能提高店铺的人气，吸引新顾客参与购物。店铺经营过程中，店主一定要设计好优惠券，将优惠券的作用发挥到极致。

图 2-52　优惠券已创建

图 2-53　优惠券显示在店铺中

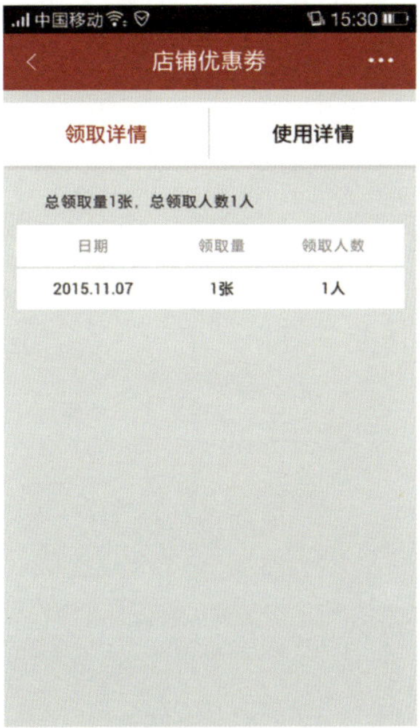

图 2-54　店铺优惠券的领取和使用详情

第3章

CHAPTER THREE

微店宝贝详情页设计

在微店经营中，普遍存在一个现象：店铺每天客流量不少，顾客转化率却非常低。即使前期做了大量推广工作，投入了大量人力物力，也没有多大效果，这是店主最苦恼的一件事。顾客进入店铺没有多做停留，追根溯源，极有可能是宝贝详情页没有做好，以至于人们对商品失去了信心。

3.1 微店宝贝详情页设计

由于顾客不能真实地体验商品，店主要想打消顾客的顾虑，就要从顾客角度出发，提高宝贝详情页的质量，这样才能激发顾客的购买兴趣，引导顾客浏览店主想要售卖的商品，促使顾客购买商品。

不同类型的商品，顾客的需求程度是不一样的，因此顾客对宝贝详情页图片内容的需求程度也是不一样的。关于这一点，店主设计微店宝贝详情页时，一定要多加注意。

3.1.1 设计规范

对于微店来说，商品详情的作用不可小觑，其设计的好坏会直接影响顾客的购买决定。当然，要想设计出一个能吸引顾客、留住顾客的宝贝详情页，店主一定要结合自己经营的商品特点来设计。除此之外，店主还要注意以下几点设计规范（表 3-1）。

1. 商品主图

在商品详情页中，商品主图设计尤为重要，因为顾客在店铺浏览商品时，最先看到的图片就是商品主图（见图 3-1）。

表 3-1 微店宝贝详情页设计规范

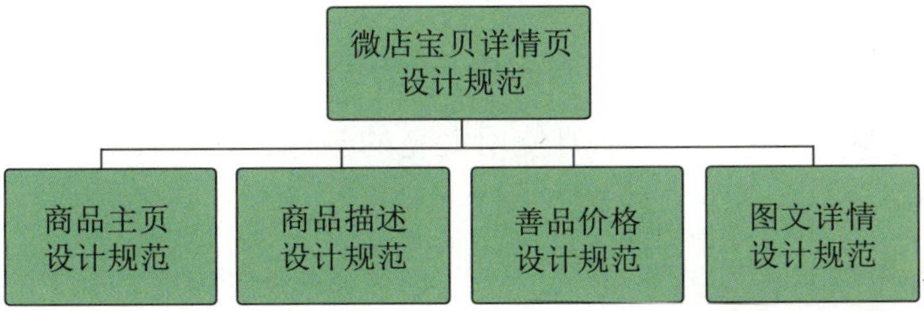

设计商品主图时，图片要清晰，主体与背景要主次分明，图片中的文字大小要适中、简洁明了、突出卖点。只有这样，商品主图才更美观，更吸引人。

图 3-1 商品主图

2. 商品描述

在商品详情页中，商品描述起到吸引顾客、提高商品成交率的作用，其重要性仅次于商品图片和定价。

由于顾客看到的商品描述是有限的，在设计商品描述时，文字内容要尽量简短，突出商品的优点、特点和卖点。比如服装，商品描述中可以介绍质地、尺寸等。另外，商品描述要有逻辑性，要真实反映商品的基本信息。

3. 商品价格

在商品详情页中，价格设计也是非常重要的一环，因为顾客购买商品最关注的就是商品价格，它能够直接决定顾客是否购买该商品。

设计商品价格时，店主一定要在商品质量的基础上，根据目标人群的定位，分析目标人群的收入情况，了解目标顾客比较容易接受的价格区间，从而设置一个较为合适的商品价格。

4. 图文详情

在商品详情页中，图文详情设计很重要。图文详情主要是以图片和文字相结合的形式向顾客展示商品，让顾客对商品有一个全面的了解。一般来说，图文详情主要包括商品信息、商品特点、商品细节等。

设计图文详情时，要多图少文。图要美观，文字要根据图片来描述，且要切中要点。文字最好是中文，字体不可过大，也不可过小，具体可根据目标人群而定。字体颜色应以黑色为主，尽量不要使用太亮的颜色，以免使人产生一种视觉上的不舒适感。

总之，要想吸引顾客购买商品，店主必须重视宝贝详情页，并按照以上几点规范来设计，合理搭配图片和文字。只有这样，宝贝详情页才能对整个店铺的商品销售起到正向的促进和推动作用。

3.1.2 设计思路

由于宝贝详情页涉及的内容较多，设计时，店主必须事先理清思路，做好规划，这样才能一步一步、有条不紊地落实到执行上。

在设计宝贝详情页时，店主要遵循哪些设计思路呢（见表 3–2）？

表 3–2 微店宝贝详情页设计思路

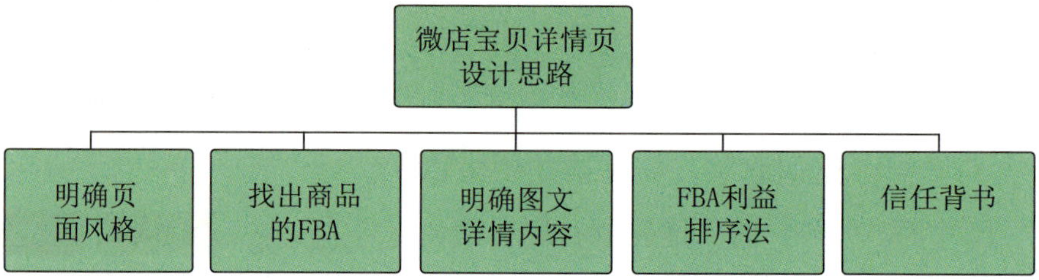

1. 明确页面风格

首先，店主需要明确页面风格。一般来说，如果店主经营的是母婴店，该店的目标人群就是妈妈们，即女性顾客。在确定页面风格时，可以根据商品特点以及妈妈们喜爱的风格来设计。

2. 找出商品的 FBA

店主要想设计好宝贝详情页，首先必须知道什么是 FBA 及其呈现要点。或许很多店主还对 FBA 一词感到陌生，其实它是 feature（特点）、benefit（利益）、advantage（优点）三个英文单词的缩写。

其中F指的是商品的独特性和卖点，比如新上市、新款式、新功能、新设计等，都可以是商品的特点。

B即让顾客感觉到物有所值，尤其是让他感觉占到了便宜。给顾客一点小的实惠，比如说赠品，能让顾客感觉到花的钱值这个价位，这就是所谓的利益关系。顾客感觉满意了，就能给店主带来更多的销售和新顾客。

A是指和同等价位甚至更高价位商品之间的比较优势。比如性价比、材质、款式、耐久性、物流速度、退换货服务等，都可以成为商品的优势。

明确页面风格后，店主可以根据商品的情况，找出商品卖点、商品优势以及顾客的利益点。店主可以把自己当作顾客，站在顾客的角度去思考问题。比如，这件商品有什么地方可以打动我，我是怎么看待这件商品的，我购买这件商品会产生哪些疑虑。将这些问题全部罗列出来，然后参考竞争对手的商品描述，经过一番对比后，从中找到属于自己商品的FBA。

3. 明确图文详情内容

店主需要明确图文详情的内容。由于商品不同，其内容也会存在一些区别。

对于服装来说，店主需要明确的商品信息包括尺寸、颜色、产地等。明确展示商品的细节，包括袖子、拉链、吊牌等，还要展示商品的不同角度，比如正反面、侧面等。

此外，店主还要明确模特展示图，比如站立、坐姿、行走等。另外还需确定购买注意事项，比如商品洗涤方法、日常保养等。

4. FBA利益排序法

找到商品的FBA后，店主还要通过调研，确定先呈现顾客的利益点，还是先呈现商品卖点或商品优势，哪个内容更容易打动顾客，从中设定出最佳的利益排序。然后根据FBA利益排序法设计宝贝详情页。

5. 信任背书

如果是高客单商品，店主可以通过品牌或公司介绍消除顾客购买商品的顾虑，以增强商品的可信度，达到促进顾客购买的目的。

任何设计都要先策划，有规划才能真正落实到行动中去。在没有找到设计思路的情况下，店主可以多研究同行业销售量较高的店铺，看看他们的宝贝详情页设计有什么值得借鉴的地方，然后结合自己商品的特点，取其精华，去其糟粕，找到属于自己的宝贝详情页设计思路。

3.1.3 FBA 的呈现技巧

不管是新手买家，还是久经沙场的老买家，大多都知道宝贝详情页的重要性，相信没有一个顾客会在不了解商品的情况下直接购买商品。可以说，宝贝详情页是提高顾客转化率的首要一环，它就像一位出色的推销员，不仅能用语言来打动顾客，而且能用视觉传达商品的特性，以应对各种各样的顾客。

那么，在微店的宝贝详情页中，该如何呈现 FBA 这三大关键要素呢？

1. F（Feature）

对于顾客来说，在宝贝详情页中，首先看到的是主图，然后是商品描述。展示给顾客的这两点，可以说是宝贝详情页中的“F”（见图 3–2），即商品的卖点。

一般来说，主图是否主次分明，是否清晰，图片中的商品摆放是否有独特之处，或者在商品描述中是否有新款、时尚等关键词，直接影响商品对顾客的吸引力。

设计宝贝详情页时，店主一定要着重做好主图和商品描述，使其突出商品卖

图 3–2 宝贝详情页中的“F”

图 3–3 宝贝详情页中的“B”

点，达到吸引顾客购买的目的。

2. B（Benefit）

在宝贝详情页中，主图或商品描述有“买二送一”等字样，或者商品价格显示有限时折扣的价格优惠，这些就是宝贝详情页中的“B”（见图 3–3）。

3. A（Advantage）

在宝贝详情页中，店主可以向顾客展示本店商品与其他商品的不同之处，比如优劣大比拼等（见图 3–4）。这些信息就是商品的优点，它能向顾客展示商品的优势，激发顾客的购买欲望，这就是宝贝详情页中的“A”。

以上就是微店宝贝详情页 FBA 的具体呈现方式。当然，这里仅是指出 FBA 大致呈现在宝贝详情页的一种方式，实际上它呈现在宝贝详情页整个图文中时，并非是固定不变的。在具体操作过程中，店主可以根据自己的需求、商品的特点，遵守 FBA 呈现原则，设计出一个独特的宝贝详情页。

3.1.4 设计案例：香水姐姐袜子铺

“香水姐姐袜子铺”是一家经营袜子的微店（见图 3–5）。在这个店铺中，

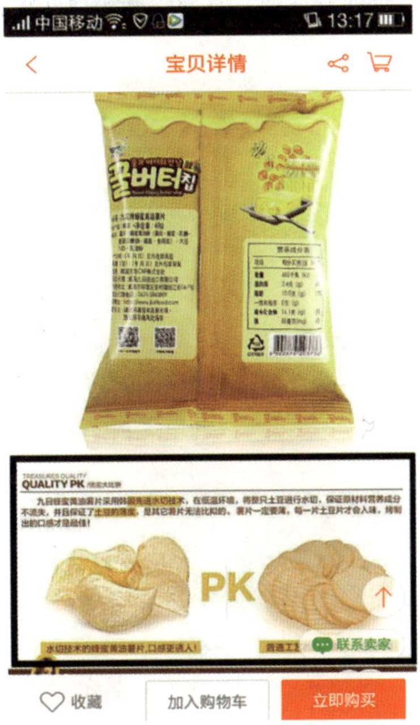

图 3–4 商品优劣大比拼

图 3–5 香水姐姐袜子铺微店首页

袜子的种类比较多，比如船袜、五指袜、除臭纯棉袜等。店铺里的所有袜子都使用新西兰原装进口长效抑菌溶液二次加工处理过，其主要目标人群为男士、女士、儿童、学生。另外，该店铺还开通了担保交易、七天退换货以及保证金保障。

从“香水姐姐袜子铺”微店首页中，可以看到该店铺等级已经为 3 个蓝钻，有上千人收藏，这说明该店铺经营得不错，很受顾客欢迎。那么，这家店铺的宝贝详情页到底有哪些亮点呢？

1. 图片清晰、美观

在“香水姐姐袜子铺”的宝贝详情页中（见图 3–6），可以看到图片比较清晰，而且很美观。虽然只是简简单单的袜子，但是从图片中不难看出，店主并没有将其随便摆放，而是按照不同颜色，将袜子摆成了花朵的形状，十分有创意。

顾客看到这样的图片，不仅知道该款袜子颜色丰富，还能感受到店主的良苦用心。

2. 商品细节展示

在“香水姐姐袜子铺”的宝贝详情页中，袜子的细节展示比较全面（见图 3–7），

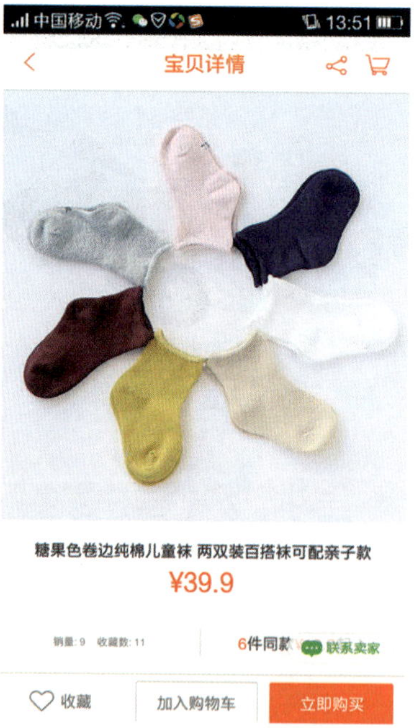

图 3–6 宝贝详情页

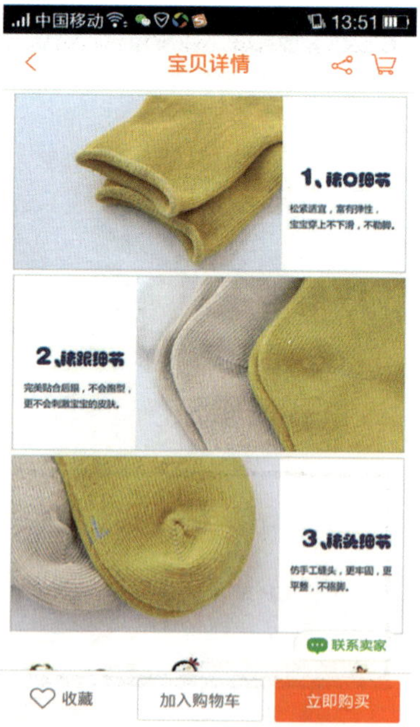

图 3–7 商品细节展示

图文比例比较合适，文字大小也比较适中。这种呈现不但能让顾客对袜子有全面的了解，在视觉上还能给顾客一种非常舒服的感觉，同时阅读起来也非常方便。

3. 不同年龄段模特展示

在宝贝详情页中，“香水姐姐袜子铺”通过不同年龄段的模特展示图（见图 3-8），向顾客传递了一种信息，即该商品适合多个年龄段的儿童穿着，顾客可以放心挑选，不必为袜子的大小号担心。

4. 卖点介绍突出

与其他销售同类商品的店铺相比，该店铺最大的特点就是袜子使用新西兰原装进口长效抑菌溶液二次加工处理过，这种处理可以起到长效消毒的作用。

很多顾客并不明白这样做对袜子有什么好处，因此，在“香水姐姐袜子铺”的宝贝详情页中，店主着重介绍了这一原理（见图 3-9），对顾客进行知识普及，让顾客明白该店的特色，增加商品对顾客的吸引力。

以上就是香水姐姐袜子铺在宝贝详情页设计方面的几大亮点。正是这些细节设计，给该店铺带来了大量的顾客，使店铺获得了顾客的认可，受到了顾客们的喜欢，迎来了大量的订单。

图 3-8 不同年龄段模特展示

图 3-9 长效消毒原理展示

3.2 宝贝详情页案例分析

在微店中，宝贝详情页是商品信息最重要的展示空间，也是吸引顾客的关键。很多时候，顾客决定购买某件商品，很可能来自浏览商品后的“一时冲动”，所以，宝贝详情页的设计很重要。

成功是可以复制的，也可以借用，因此店主要多分析并借鉴他人旺铺的宝贝详情页设计方案，结合自己的特色，从而设计出适合自己的别具一格的宝贝详情页。

3.2.1 男性、女性商品

由于性别不同，男性顾客与女性顾客对商品的需求是不一样的，他们的性别特点也决定了微店商品页的设计各不相同。

设计宝贝详情页时，店主一定要根据商品的目标人群性别特点来设计，以满足不同性别顾客的审美喜好，提高顾客的购物体验。

1. 男性商品

购买商品过程中，男性顾客往往比较理智，比较关注商品的质量和功能。浏览宝贝详情页时，他们不喜欢看繁琐的图片和大片的文字说明，喜欢简单、易懂、方便快捷。

设计宝贝详情页时，背景颜色要与文案图片协调，商品描述要言简意赅，商品细节展示逻辑要清晰。

如图 3–10、图 3–11 所示，它们同样是男士袜子，但图片的画面设计却不一样。图 3–10 以模特试穿展示商品，让顾客不用凭空想象，就能了解到穿上这双袜子的效果，这种直观的展示更容易激发顾客的购买欲望。

图 3–11 中，盒装式的袜子展示图，顾客无法看到袜子的整体样式，即使知道一盒的袜子数量，也不会对其产生很大的兴趣，自然不会有继续了解商品的欲望。

商品的款式比较多，在向顾客展示商品时，重要的款式可以由模特展示出来，其余款式以图片展示（见图 3–12），以便男性顾客更全面、更具体地了解商品。如果店主将所有商品款式直接展示出来（见图 3–13），虽然图片展示比较直观，能够让顾客一下子了解到该商品有多少款式，但款式太多，商品图片又多又小，顾客容易看得眼花缭乱，不好挑选。

总之，男性用品的页面设计要简单直接。只有做到这一点，才能赢得男性顾客的喜欢，提高订单成交率。

2. 女性商品

女性顾客大多比较感性，购物容易冲动，常常被精美的图片吸引，所以店主更要做好宝贝详情页的页面设计。

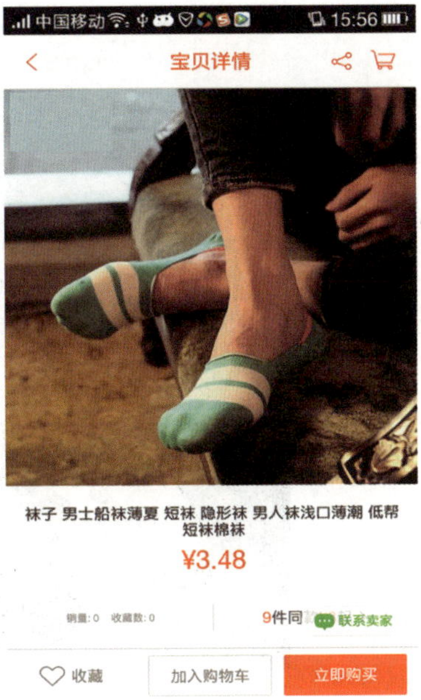

图 3–10 模特试穿图片展示

图 3–11 盒装袜子展示

图 3-12 标明商品款式的展示图

图 3-13 多款商品直观展示图

在挑选商品时，女性顾客往往比较关注商品细节，所以设计宝贝详情页时，店主可以将图片设计得柔美一些，色彩要鲜亮。同时，店主还可以多角度展示商品，放大商品的细节，以便女性顾客对商品有个全面的了解，从而增加商品对女性顾客的吸引力。

另外，女性顾客在购物时，也会比较关注文字描述。如果商品描述中含有“时尚、新款、个性”等关键词，她们通常会多看几眼。所以进行商品描述时，文字可以多一些。如果文字间透着一种情感表达，则更能打动女性顾客的心。

如图 3-14、图 3-15 所示，同样是女士泳衣，商品展示却各不相同。在图 3-14 中，主图是模特展示图片，将泳衣的正面、背面完整地向顾客展示了出来，而且背景能够较好地突出主体，这种展示方式更容易打动女性顾客。

图 3-15 用挂式的方式向顾客展示商品，这种展示方式顾客无法看到泳衣的全貌，会降低女性顾客购买的欲望。

另外，展示不同款式的泳衣时，图 3-16 的背景是沙滩，这种情景代入会让顾客感觉自己好像就在沙滩上，穿上这件泳衣会让顾客为之心动。

图 3-14　完整展示商品

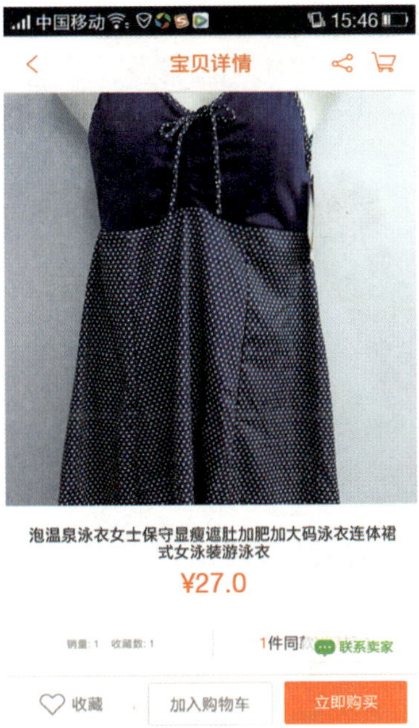

图 3-15　挂式商品展示

图 3-16　以沙滩为背景的商品展示图

图 3-17　单调的商品展示图

图 3-18 清晰度较高的商品图

图 3-19 盒装式商品展示图

此外，展示不同款式的商品时，模特也要注意姿势的变化，以免让顾客产生视觉疲劳。

图 3-17 的商品展示太过单调，对顾客的视觉冲击力也比较小。

在购物过程中，由于男性顾客与女性顾客关注的焦点不同，所以在设计宝贝详情页时，店主一定要根据目标人群的性别特点来设计，以满足他们的不同需求，提高店铺的销售量。

3.2.2 高客单价、低客单价

由于商品不同，价值不同，其价格自然也各不相同。一般来说，根据商品的价格，可以将商品分为高客单价商品和低客单价商品。

同时，由于商品对应的目标人群不一样，店主在设计宝贝详情页时，也需要根据商品价格的不同来设计。

1. 高客单价商品

一般来说，高客单价商品对应的顾客，往往比较在意商品的真实性，比较关注商品的参数信息。设计宝贝详情页时，店主可以将商品属性详细地罗列出来，并将商品尺寸信息用比较直观的方法展示出来，以便顾客对商品有个全面的了解，从而提高顾客转化率。

除此之外，在设计高客单价商品的宝贝详情页时，商品卖点要突出，商品细节要用大图展示，商品描述尽量简单明了，并用品牌背书来获得顾客信任，给予顾客信心，让顾客放心购买。

如图 3-18、图 3-19 所示，它们都是高客单价商品，宝贝详情页却是两种不同的设计方式。在图 3–18 中，商品详情页图片主次分明，能够较好地突出商品，而且图片清晰度很高。像戒指这类小型商品，应将其画面放大，这样顾客才能看得更清楚。

图 3–19 中，商品放在盒中这种展示方式，顾客看不到商品的样子和细节，而且图片清晰度较低，商品画面太小，顾客无法看清。很显然，这样的图片是无法吸引顾客的。

另外，购买高客单价商品的顾客，往往比较关注商品的属性（见图 3–20），店主一定要将其详细地展示出来，以便顾客对商品有足够的了解。

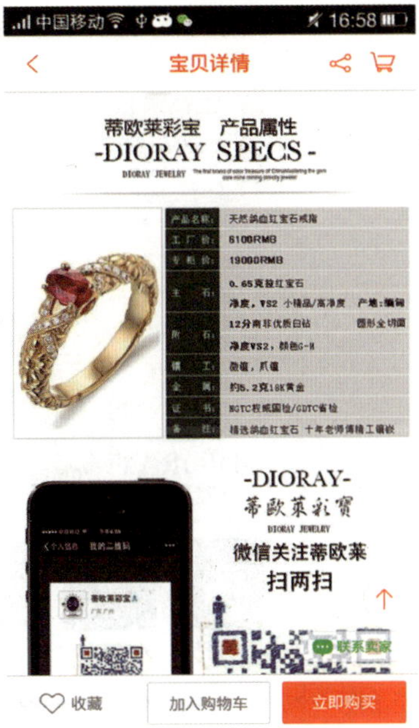

图 3–20 商品属性展示

同时，店主也可以向顾客普及一些与商品有关的小知识，比如如何挑选商品，以及商品的保养方法等（见图 3–21）。这样会显示店主的专业性，更容易获得顾客的信赖。

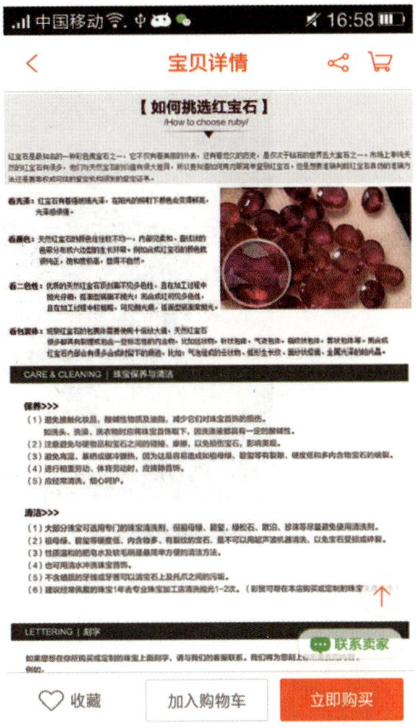

图 3–21 商品属性展示

除此之外，要想赢得顾客的信任，还要让顾客知道自己售卖的商品确实是正品。店主可以在宝贝详情页中向顾客展示商品鉴定证书，或者是授权销售证书。

值得注意的是，商品鉴定证书是为了证明商品的真实性，一定要大大方方地展示出来（见图 3–22），让顾客看得清清楚楚。如果证书放得不端正，而且图片较小（见图 3–23），顾客观看起来既不方便，又无法看清。

2. 低客单价商品

低客单价商品对应的顾客，他们在购物过程中只要认为价格比较合理，性比价较高，通常会

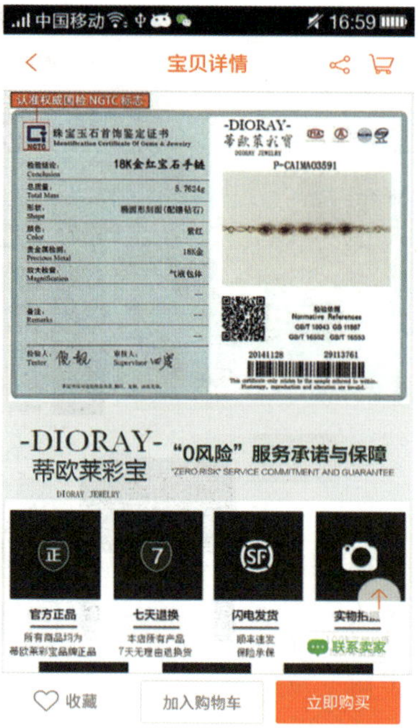

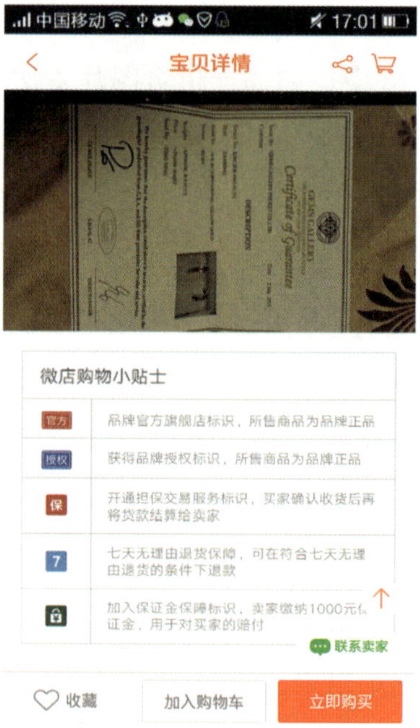

图 3-22 商品鉴定证书正确展示方式 图 3-23 商品鉴定证书错误展示方式

图 3-24 画面干净的主图 图 3-25 文字堆砌太多的主图

毫不犹豫地买下来。在浏览宝贝详情时，这类顾客往往比较关注商品的销量和好评。

在设计宝贝详情页时，店主必须抓住重点，将商品卖点阐述清楚。可以通过图文来凸显商品的附加利益点，以增加商品对顾客的吸引力。

如图 3–24、图 3–25 所示，它们都是低客单价商品，宝贝详情页设计却大不相同。图 3–24 中，主图设计简洁明了，画面很干净，顾客看到这样的图片感觉很舒适，同时还会产生一种非常雅致的感觉。虽然这是一件低客单价商品，但给顾客的感觉却是比较高端的。

图 3–25 中，虽然文字描述是为了突出商品卖点，吸引顾客眼球，但在这张主图上，文字堆砌太多，而且字体过大，明显有些喧宾夺主。对于顾客来说，看到这样的图片，有种杂乱无章的感觉，容易引起顾客的反感。如果把这张图片中的文字字号大大缩小，或者干脆去掉图片上的文字，图片会显得更吸引人。对于店主来说，在图片上添加文字，一定要注意文字的大小、多少和位置，以免产生相反的效果。

另外，在宝贝详情页中，店主可以通过图文混排的形式来凸显商品特点，但要注意图文比例。通常是以图片为主，文字是图片的辅助说明。

对于低客单价商品，文字不要太多，突出重点即可。就像图 3–26 一样，这样的图文设计就很规范。图 3–27 的图文比例设计得不够美观，文字字号过大，色彩对比太过强烈，位置摆放也不合理，而且上下图片裁剪和对比也明显不合适。这样的

图 3–26 美观的图文设计

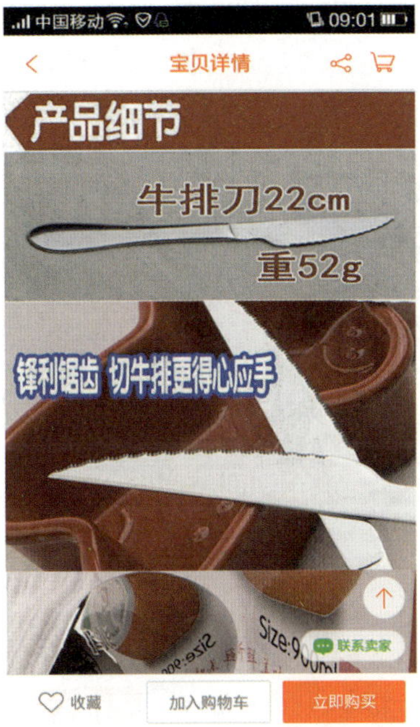

图 3–27 欠佳的图文设计

图 3-28 成功的主图设计

图 3-29 主图图文排版不合理

画面太紧凑，太密集，容易引起顾客视觉上的不适。

总之，商品定位不同，价格差异很大，不同价格的宝贝，详情页设计也应各不相同。在设计宝贝详情页时，店主只有根据商品特点以及价格定位，才能设计出比较完美的宝贝详情页，正确向顾客传达商品信息，激发顾客的购买欲望。

3.2.3 年轻人、中老年人商品

在装修微店的过程中，宝贝详情页设计的重要性不言而喻。由于商品不同，目标人群也不一样，在设计宝贝详情页时，店主一定要根据商品的特点，并结合目标人群的年龄特征来设计，这样才能设计出符合目标人群审美观的宝贝详情页。只有这样，你的商品才能获得顾客的认可。

1. 年轻人商品

通常来讲，年轻人的经济实力不是特别强，所以大多数人无法承受较高的商品单价。但另一方面，他们年轻气盛，喜欢表现自己，喜欢购买时尚、时髦、好看的商品。只要商品是他们喜欢的，且商品价格能承担得起，他们通常都会购买下来。也就是说，他们的购买欲望比较强烈，而且购物容易冲动。

浏览宝贝详情页时，年轻人往往对商品的样式比较关注。设计宝贝详情页时，图片风格要尽量时尚且富有个性，商品价格设置要合理。同时，展示商品时，要突出商品特点，并用大图将商品款式全面展示出来。

总之，宝贝详情页的设计要简单，但要突出

商品的特点和个性。只有这样，才能吸引年轻人的注意。

如图 3-28、图 3-29 所示，页面上都是年轻人商品，其主图设计却完全不一样。在图 3-28 中，主图展示出来的商品风格，能给顾客一种青春、活泼、个性的感觉，而且商品价格比较便宜，容易获得年轻人的喜欢，这样的主图设计是比较成功的。

图 3-29 中，主图的图文排版不太合理，图片太多，文字较大，即便商品比较便宜，也无法吸引年轻人的眼球。这其实也给店主一个提示——主图很重要，画面设计不要太复杂，太杂乱，要尽可能简单，这样才能吸引目标人群的注意力。

另外，向顾客展示商品时，图文详情页一定要结合年轻人的喜好，突出商品特点，突出商品个性。图片不要太小，要恰到好处（见图 3-30），这样才能让年轻顾客对商品产生兴趣。如果商品款式太多，店主直接将所有商品款式都摆出来（见图 3-31），不仅图片小，而且顾客无法看到商品的特点，自然无法产生购买的欲望。

2. 中老年人商品

中老年人往往比较在意商品的实用性，同时因为年纪大，视力大多也不太好，所以设计宝贝详情页时，店主应尽可能地放大商品的细节部分。商品描述要简洁明了，通俗易懂，字体要尽可能大一些，以便顾客看得清，看得懂。

如图 3-32、图 3-33 所示，它们展示的都是中老年人服装，但商品细节展示却不同。图 3-32

图 3-30 个性商品设计展示图

图 3-31 多款商品直观展示图

图 3-32 大字体文字描述

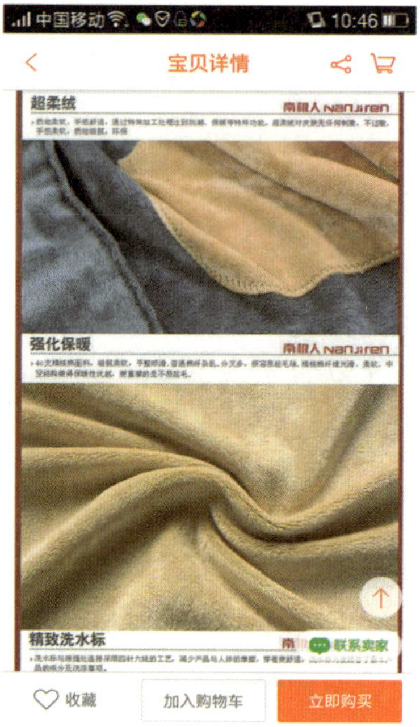

图 3-33 小字体文字描述

中，细节做得比较到位，一方面放大了商品的细节，另一方面字体也比较大，设计得比较合理，方便顾客看清商品细节，了解商品细节。

图 3-33 中文字描述部分，文字堆砌太多，字体太小，且字体颜色太淡，顾客无法看清楚文字写的是什么，阅读起来比较吃力，严重影响了顾客的浏览体验。

另外，店主还可以从不同角度向中老年顾客展示服装的全貌（见图 3-34），以便他们了解服装穿在身上的效果。

此外，对于中老年顾客来说，他们比较关注服装的舒适度，所以最好有面料、材质的相关描述（见图 3-35），以便他们能够放心购买。

总之，不同年龄段的顾客，对商品的需求是不一样的，所以在设计宝贝详情页时，店主一定要根据目标人群的年龄特点来设计，这样才能受到他们的认可与喜爱，从而提高店铺的成交率。

3.2.4 时尚、传统商品

风格是一种感觉，一种看不到、摸不着却能影响整个店铺印象的抽象因素。对于微店来说，每个店铺有每个店铺的风格，每种商品也可能有每种商品的风格。

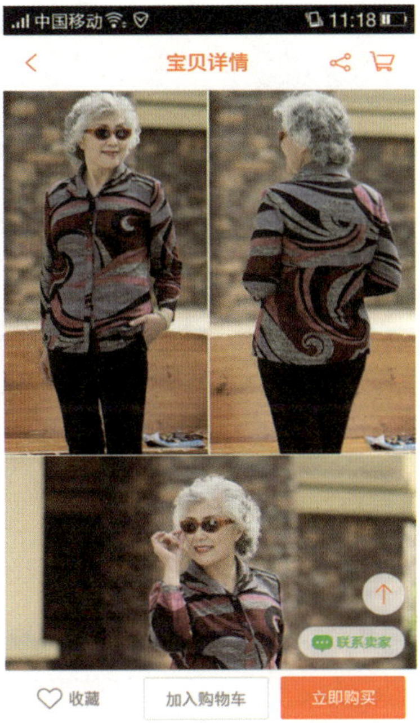

图 3-34　多角度展示服装穿着效果

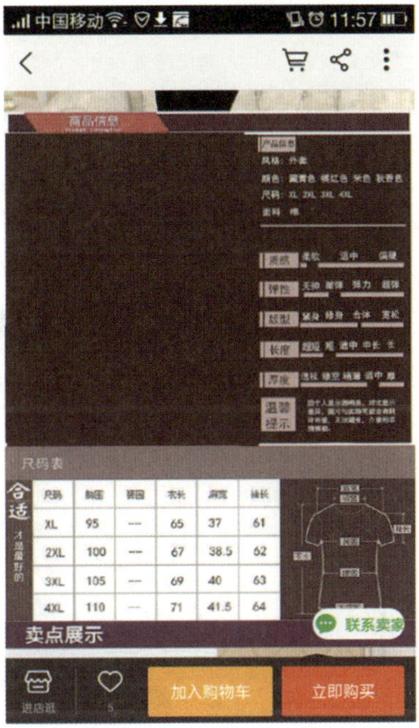

图 3-35　面料、材质相关描述

在设计宝贝详情页时，店主必须要把握好页面风格，以求最大化地展示商品的特点。

1. 时尚风格商品

一般来说，商品既然是时尚的，视觉上就要给顾客一种高大上的感觉，这样喜欢时尚类商品的顾客，才会觉得这件商品符合自己的需求，进而选择购买。

设计宝贝详情页时，店主要选择恰当的背景，在突出商品的基础上，能够显示出商品的时尚气息。另外，商品描述要含有时尚、新潮的字眼，商品细节要具体、详细，只有这样才能引起顾客的注意。

如图 3-36、图 3-37 所示，店铺展示的都是时尚女包，但商品展示画面却有很大不同。图 3-36 中，包包的颜色为粉色，背景设计成白色，不仅能较好地突出商品格调，还能让人感觉到一种时尚气息。同时，商品描述中含有“时尚”字眼，这样的宝贝详情比较合理，自然会吸引目标顾客的关注

图 3-37 中，商品展示虽然比较真实，但是图片背景明显杂乱无章，显示不出该商品的时尚感和高档感，无法起到吸引顾客的作用。

图 3-36 凸显时尚的商品展示图

图 3-37 杂乱无章的商品展示图

另外，既然是时尚女包，在商品细节展示上，要详细展示女包的每个细节，并用文字加以说明，这样才能起到吸引目标顾客的作用，如图 3-38 所示。

图 3-39 中，该商品的细节展示既没有文字说明，细节展示也不够具体、详细。对于顾客来说，这样的页面毫无吸引力，无法激发他们的购买欲望。

2. 传统风格商品

如果商品具有传统属性，在设计宝贝详情页时，店主就要选择恰当的背景。特别是背景要与商品风格一致，这样才能相得益彰，更能衬托商品，凸显商品的特色和传统美。

除此之外，描述商品时，不但要突出商品卖点，文字表达上也要符合商品特色。只有这样，顾客才能通过宝贝详情充分了解商品，同时还能感受到其渲染的情感氛围。

如图 3-40、图 3-41 所示，它们都是传统风格的模特服装展示页面，但在宝贝详情页设计方面却有很大的不同。在图 3-40 中，背景与主体风格保持一致，更能体现商品独具的特色。

图 3-38 细致的商品细节展示

图 3-39 无文字说明的商品细节展示

图 3-40 凸显商品特色的主图

图 3-41 背景与商品风格不搭的主图

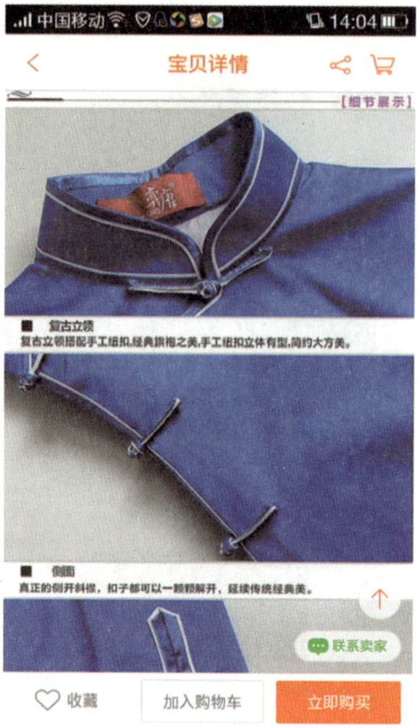

图 3-42 图文形式的商品展示图　图 3-43 无文字描述的商品展示图

图 3-41 中，主图却没有显示出商品的特色，背景风格过于现代化，与主体风格有些格格不入，不能让顾客感受到古典服饰的特色与美感，自然无法吸引顾客。

另外，展示服装细节时，最好以图文结合的形式展示给顾客。就像图 3-42 那样，不但能让顾客详细了解商品，而且搭配的文字也使画面显得更有吸引力。图 3-43 中，宝贝详情页面只有图片，没有文字描述和渲染，顾客无法详细感受商品的魅力，对顾客的吸引力相对要弱一些。

总之，在设计宝贝详情页时，店主一定要根据商品的特点，并结合店铺整体的设计风格和目标顾客的审美观念进行设计。只有这样，顾客才能通过宝贝详情页知道该商品是否符合自己的需求。

第4章

CHAPTER FOUR

商品图片的拍摄与处理

由于无法接触到真实商品，顾客只能通过商品图片和文字介绍了解商品，了解店铺。如果商品图片质量不好，那么即使商品本身质量很好，顾客也无从得知，并且他们很可能会因此而放弃购买。

要想将商品信息有效地传递给消费者，店主必须学习一些商品图片的拍摄与处理技巧，以拍摄出高质量的图片，制作出高质量的画面，提高商品图片对顾客的吸引力，激发顾客的购买兴趣。

4.1

拍摄照片的准备工作

商品图片质量的好坏会影响商品和店铺的销售量，这是毫无疑问的。为了拍出高质量的商品图片，减少后期图片处理工作，在拍摄商品图片之前，店主必须提前做好准备，比如选择摄影器材、布置拍摄场景等。只有做好这些工作，店主才能顺利完成图片的拍摄工作，也才有可能拍出极佳的商品图片。

4.1.1 摄影器材的选择

对于店主来说，摄影器材是拍摄商品图片的物质基础。如果选择的摄影器材不好，必然会在一定程度上影响商品图片的质量。

为了拍出较高质量的商品图片，店主必须了解摄影器材方面的知识，并选择合适的摄影器材。在实际拍摄图片的过程中，店主可能需要购买或使用哪些摄影器材呢（见表 4-1）？对它们又有哪些具体要求呢？

1. 相机

对于店主来说，相机是必备的拍摄器材（见图 4-1）。相机的好坏、专业与否，会直接影响商品图片的质量。一般来说，市场上售卖的相机，其像素基本都可以满足店主的拍摄需求，所以在购买相机时，店主无须重点考虑这个因素。要多考

表 4-1 摄影器材的选择

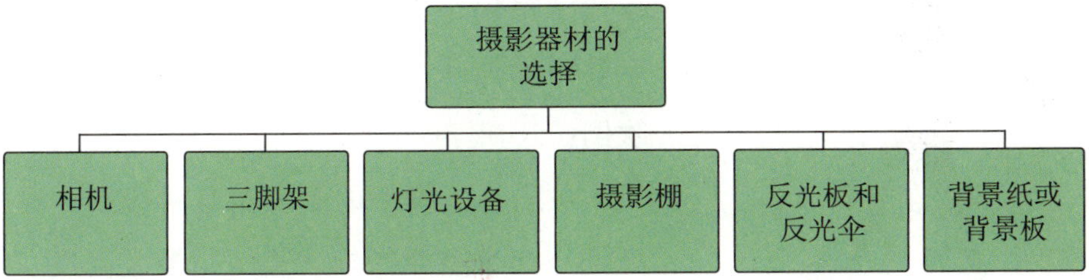

虑相机的其他参数，比如功能、感光元件的面积等。

对于功能，店主最好选择全手动设置和比较丰富的设置，比如热靴、RAW 模式等。其中，热靴是专业相机的重要标志，它可以起到连接外接闪光灯和摄影室闪光灯的作用。如果确定使用持续光源，则无须考虑。当然，如果店主选择的是单反相机，这些设置基本都具备。

图 4-1 相机

2. 三脚架

拍摄商品图片时，三脚架是必不可缺的器材（见图 4-2）。三脚架能够起到增加稳定性的作用，避免图片拍虚或重影。购买三脚架时，店主可以从三脚架的稳定性、轻重、高度三个方面考虑。首先要考虑的因素是稳定性。三脚架的稳定性主要体现在承载力上，一般有 2.5KG、4KG 等。店主可以根据镜头的大小，购买与之相配的三脚架。

图 4-2 三脚架

图 4-3 闪光灯

图 4-4 反光板

接下来就是自重指标。一般来说，如果三脚架用于室内，可以不考虑其重量。但户外使用一定要考虑这一因素，因为三脚架太轻很容易被风吹倒。

最后，三脚架的高度也是考虑的一个重点。高度有四个重要指标，第一是最大高度，第二是最低高度，第三是不升中轴的最大高度，第四是折叠后的长度。

此外，店主还要考虑三脚架的脚管直径、厚度、材质以及其他功能，比如中轴偏移量等，具体要根据自己的需求而定。

3. 灯光设备

自然光不容易掌控，但在拍摄照片的过程中，光线又占据着非常重要的地位。当自然光线不足时，店主就要使用灯光来增加光线的强度，比如使用闪光灯等（见图 4-3），这些都是不错的选择。店主可以购买一些灯光设备，以备所需。

4. 反光板

拍摄过程中，如果光线比较昏暗，拍摄出来的图片往往色差比较大。为了避免这个问题，店主可以使用反光板（见图 4-4）。

5. 背景纸

在拍照时，店主一定不能忽略背景的作用（见图 4-5）。好的背景可以突出主题，甚至为主题加分。相反，如果背景不合适，就会影响整个商品图片的观感。

在实际拍摄过程中，很多店主只追求将商品拍得更清晰，却随便选择一个背景，这为后期的修图工作增加了不少负担。为了避免这些情况的发生，在拍摄商品之前，一定要根据所拍摄的商品特点，选择与之搭配的背景。这样拍摄出来的图片不但效果好，而且后期修图也更容易。

图 4-5 背景纸

以上就是拍摄图片需要用到的几种摄影器材。当然，除了这些主要的摄影器材外，还有其他一些摄影器材，比如摄影棚等。店主可以根据根据自己的需求情况酌情购买。不过不管购买哪种摄影器材，店主需要知道的是，一定要量力而行，最贵的器材不一定就是最好的，只要能拍出美观的图片就行。

4.1.2 拍摄场景布置

拍摄商品图片时，拍摄场景布置是极为重要的一个环节。在整个拍摄过程中，如果拍摄场地布置不到位，即使再好的摄影器材，也无法拍出高质量的图片。

如果拍摄出来的图片效果不好，自然也就无法吸引顾客，激发顾客的购买欲望了。所以拍摄场景很重要，店主一定要重视。在实际操作过程中，店主应该如何布置拍摄场景呢（见表 4-2）？

表 4-2 拍摄场景设置

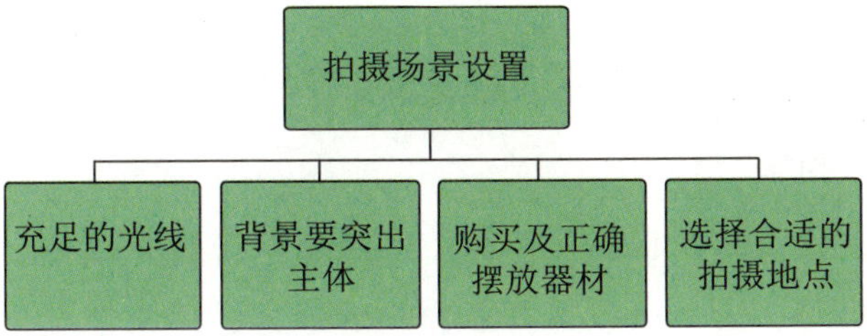

1. 充足的光线

不管拍摄的是大型商品还是小型商品，在拍摄过程中，店主都不能忽略光线的作用，因为光线的好坏直接影响到图片的质量。

无论是室内拍摄还是室外拍摄，店主都必须要保证充足的光线，只有这样，拍摄出来的图片才能保证足够清晰。

2. 背景要突出主体

为了更好地突出主体，店主必须要根据所拍摄的商品，选择与之搭配的背景。当然，拍摄对象不同，其背景也不尽相同。不可否认的是，绝大多数商品，白色和黑色背景都比较适用。

总之，不管店主选择什么样的拍摄背景，都不能喧宾夺主，一定要以突出主体为最高要求。

3. 购买及正确使用摄影器材

布置场景前，店主需要根据商品特点和拍摄地点来布置相应的器材。

一般来说，拍摄商品不可缺少的是相机；其次是用背景板或背景纸来突出主体；再次就是使用反光板或反光伞，主要用来拍摄易反光的商品，比如图书等；然后就是摄影棚，店主可以自制一个简易的摄影棚，这是拍摄小型商品必备的器材；最后是三脚架，主要用来固定相机，以防相机震动，影响拍摄效果。

准备好了摄影器材，接下来就是如何摆放的问题了。对于店主来说，如何摆放摄影器材很重要，因为错误的摆放也会影响拍摄效果。在摆放器材时，店主可以根据所拍摄的商品以及拍摄角度等来摆放。

比如，拍摄风扇等小家电类商品，可以采用最简单的三角光：相机旁放置一盏灯，用于正面照明；拍摄台前45度角放置一盏灯，用于侧面布光；再布置一盏灯，作为顶光或侧逆光。

关于摄影棚和灯光的布置方法，后面还会详细介绍，这里不做赘述。

4. 选择合适的拍摄地点

布置场景时，店主必须根据所拍摄的商品以及主题，选择一个较为合适的拍摄地点。室内拍摄时，店主可以选择靠窗户的地方，通常情况下，那里的光线比较充足；室外拍摄时，店主可以根据实际需要选择一些或时尚、或风景宜人的地方，比如酒吧街或者景区。

掌握了这些，店主就可以根据自己的需求去布置场景了。当然，即使店主学会了如何布置场景，也不一定就能拍出高质量的图片，但如果店主不懂如何布置场景，就一定无法拍出效果绝佳的图片。所以，店主一定要重视场景布置。

4.1.3 摄影棚和灯光布置

对于店主来说，商品图片的重要性不言而喻。在拍摄商品图片过程中，很多店主都不懂如何布置摄影棚和灯光，结果拍出来的图片效果非常不理想。摄影棚和灯光的布置确实不是一件简单的事情，但如果店主能够掌握一些技巧，即使自己不是专业摄影师，也能轻松搞定（见表 4–3）。

表 4–3 摄影棚和灯光布置

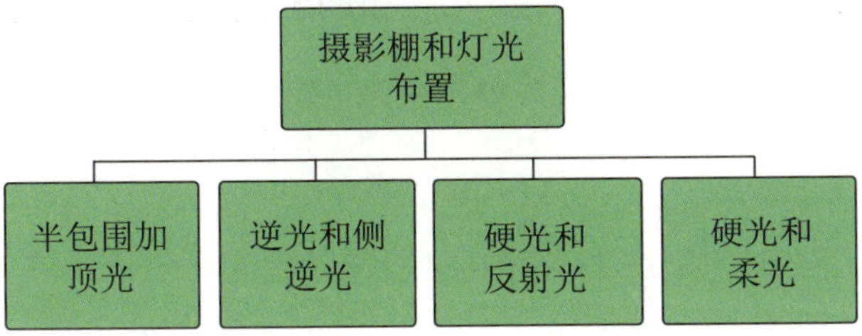

1. 半包围加顶光

为了增加主体商品的质感和立体层次，店主可以使用半包围加顶光的布置方法（见图 4–6）。

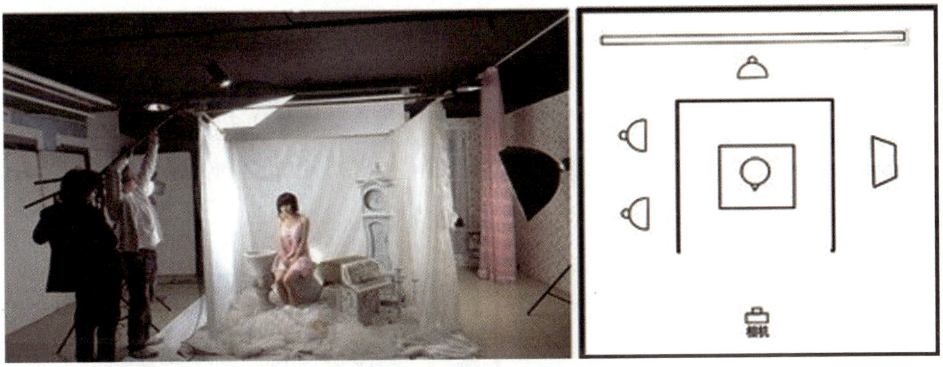

图 4–6 半包围加顶光

在半包围布光中，店主可以通过改变左右闪光灯来增加光比的变化，并在影棚上使用柔光箱，对拍摄物进行整体布光。这样的布置不但可以增加主体的投影效果，而且透明度也比较好。

图 4-7 使用逆光和侧逆光

2. 逆光和侧逆光

在人像拍摄过程中，店主可以使用逆光和侧逆光（见图 4-7）。

具体摆放时，店主可以将放置于被摄体后方的灯光作为逆光，而投射在被摄体左侧或右侧后方的灯光作为侧逆光，使用这种布置方法，不仅可以突出人物的轮廓，还可以增加立体变化，使之产生一种通透的感觉。

除此之外，在曝光方面，店主还可以采用让画面局部曝光过度的技巧，以强化色调的效果。

3. 硬光和反射光

布置摄影棚和灯光时，店主可以采用硬光和反射光（见图 4-8）。

具体操作是将硬光作为主光，将反射光作为辅助光，这种混合光的布光方法，拍摄出来的图片整体效果比较好，立体感和塑型感很强。

图 4-8 硬光和反射光

4. 硬光和柔光

除了硬光和反射光外，店主也可以采用硬光和柔光的布光方法。

具体做法是，将荧光作为主光照射主体，它能够增强主体的立体感和质感。同时，将柔光作为辅助光，主要用来增加画面的层次和细节。采用这种混合光，能够使主体的暗部层次比较分明，反差适中，画面对比效果比较明显，主次分明。

实际上，布置摄影棚和灯光时，采用硬光和柔光相结合（见图 4-9）的布光方法，这种方法运用得比较广泛。将硬光作为主光源，拍摄体整体会有立体感，比较适合拍摄一些时尚、唯美的照片和商品。

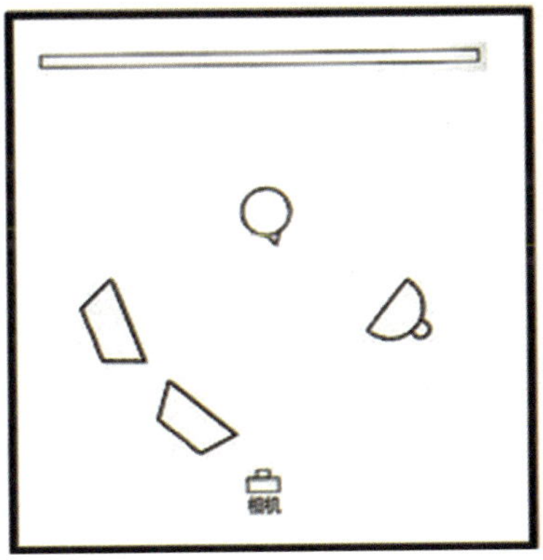

图 4-9 硬光和柔光

以上是几种摄影棚和灯光的布置方法。当然，除了这些，还有很多布置方法。只要店主肯用心，掌握了这些方法和规律，很快就能布置好摄影棚和灯光，拍摄出高质量的图片自然也就不再困难了。

4.2
商品图片拍摄技巧

摄影器材和灯光等硬件设施准备好后，拍摄出来的商品图片效果如何，就要看店主的拍摄技巧了。

在实际拍摄过程中，同样的摄影器材和灯光布置方法，不同的人去拍，仍然会呈现出迥然相异的效果。究其原因，关键是拍照人的技巧和水平不同。想要拍出一张出色的商品图片，店主自己要掌握一些拍摄的技巧。

4.2.1 在简易摄影棚中拍摄

如果店主经营的是手表、珠宝等小型商品，完全可以利用身边的资源，充分发挥它们的作用，合理利用空间和环境条件拍摄商品。

要知道，拍摄一些小件商品，仅需一个很小的场地就可以完成拍摄。店主完全可以通过身边的一些常见物料来实现——自制一个简易的摄影棚，将商品放进去拍摄。

如何搭建一个简易摄影棚，又如何在其中进行拍摄呢？

1. 搭建简易摄影棚

在拍摄商品前，需要搭建一个简易摄影棚。搭建简易摄影棚之前，需要准备一些材料：背景布、若干塑料水管、白色宣纸、三个灯泡和若干晾衣夹子。材料准备好后，店主就可以组装了。

首先，用塑料水管组装一个影棚架子，并在架子上铺上背景布，最好是黑色纸或天鹅绒布，并用晾衣夹固定。然后在摄影棚架子上挂上灯泡，左右两侧各挂一个。

其次，在摄影棚两侧封上白色宣纸。这样做的目的是为了让灯光更好地发散，否则拍出来的图片质量会比较差。

然后，在架子上面也封上白色宣纸。如果宣纸不够用，可以用白布代替，效果都差不多。

最后，在架子上面放置一个灯泡。

这样，就做好了一个简易的摄影棚（见图 4-10）。接下来就可以将商品放进去，拿着相机进行拍摄了。

当然，如果店主没有塑料水管，也可以用纸箱代替。将纸箱上面和两侧镂空，铺上白布，将其固定在纸箱上。纸箱里面铺上白纸，并在纸箱里面固定一个灯泡，这样就做出一个简易的摄影棚。

总之，用什么材料制作小型摄影棚并不重要，关键在于材料要有很好的透光效果，而且不是透强光，而是漫射出来的那种柔光。

2. 简易摄影棚拍摄技巧

拍摄时，店主还需要对相机进行调整，调整为微距模式，并调整一下曝光补偿。

图 4-10 简易摄影棚

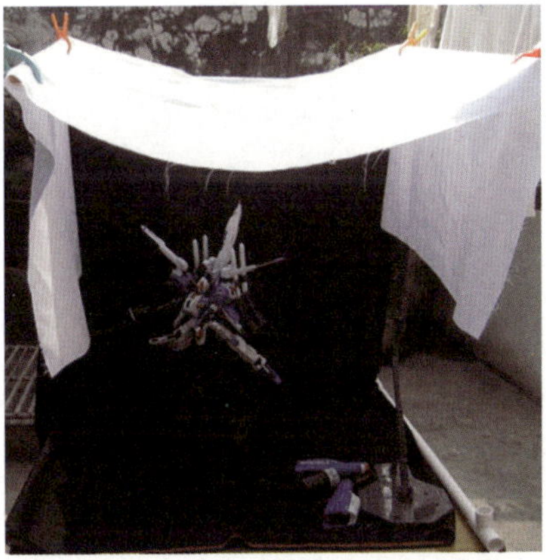

图 4-11 利用太阳光进行拍摄

具体要看店主所拍摄的商品、灯光强度以及房间的亮度如何了。这里需要说明的是，店主一定要用宣纸围挡，这是因为宣纸能使灯光产生漫反射，可以将灯泡的光线散射到拍摄对象上，以免发生曝光过度现象。

如果没有灯泡，店主可以利用太阳光，将自制的摄影棚放在室外进行拍摄（见图 4–11）。室外拍摄时，顶上的白布可要可不要。如果阳光比较强烈，就盖上一块。当然，店主也可以调整一下相机曝光补偿。如果店主没有相机，也可以使用手机拍照，只要对焦对得好，拍出来的效果也是不错的。

以上就是搭建摄影棚及摄影棚拍摄技巧，只要掌握了这些，店主就能自制一个简易的摄影棚。一般来说，在自制的简易摄影棚中拍摄，光线比较柔和，拍摄出来的图片色彩真实，基本没有偏色的现象，效果可以满足微店店主的需要。

4.2.2 如何对小型商品进行单独拍摄

如果店主经营的是首饰类、头饰类或者其他小件商品，可以对其进行单独拍摄。

在拍摄小型商品时，为了节省成本，店主可以充分利用身边的一切资源。比如可以不必专门购买贵重的摄影器材，也可以自制一个简易的摄影棚。

此外，从时间上讲，店主也可以随时随地对小型商品进行拍摄，但要想将小型商品拍得漂亮，就必须要掌握拍摄的基本要点。对于小型商品，店主该如何进行单独拍摄呢（见表 4–4）？

表 4–4 对小型商品进行单独拍摄

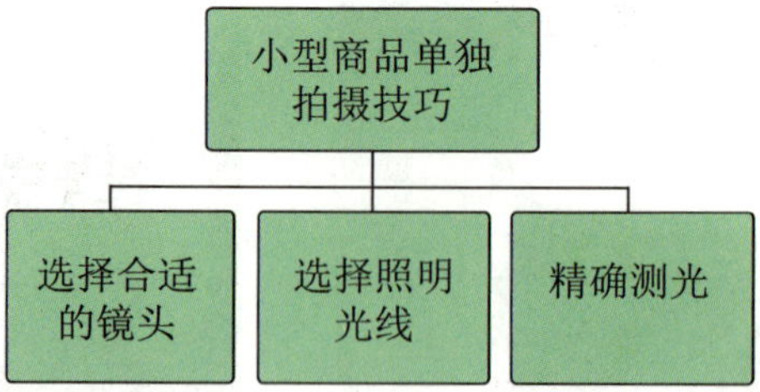

1. 选择合适的镜头

拍摄小型商品，店主首先要选择一个合适的镜头，比较理想的是大口径镜头。有了它，店主不但可以省去一些灯光照明设备，还能有效避免闪光灯单调的高反差效果，以及反射闪光造成的计算错误。

这里需要注意的是，大口径镜头的深度十分有限，使用时尽量不要离拍摄对象太近。当然，店主也可以用较慢的快门速度，这样就能用较小的光圈进行拍摄。不过，快门速度最低不能慢于1/30秒，因为速度太慢容易产生震动。然后拍摄时，要将焦点对准拍摄对象最重要的部位。

拍摄小型物品时，也可以使用近摄附加镜，这些透镜能安装在标准镜头上。当然，店主也可以使用一些装有近摄装置的远摄镜头，同样也能拍出不错的效果。

2. 选择照明条件

一般来说，小型物品的照明可以使用从窗户透过来的自然光。当然也可以使用一些灯光设备，比如摄影灯、闪光灯或落地灯等，甚至可以使用多种光源的混合光。同时，店主可以在拍摄对象旁竖起一个大的反光板，以弥补阴暗条件下的光线不足问题。

如果用的是窗户外的自然光，店主要注意尽量避开太阳光的直射，找一个两面都有窗户的墙角，这样就能利用天空的漫射光来拍摄，拍出来的图片更有立体感。同时，店主也可以打开室内灯光，或者是在拍摄对象旁放置一两盏彩灯，以加强主要部分的光线，这样拍摄出来的效果更佳。

如果使用摄影器材，那么一般来说，店主选择两只摄影灯最为合适。可以将最亮的一只或最靠近物体的一只摄影灯放在远离相机的一侧，另一只可以靠近相机。然后在拍摄对象的后面再加一个聚光灯，这样就能使拍摄对象周围出现一个美妙的轮廓光。

3. 精确测光

拍摄小型物件时，精确测光很重要。直接对拍摄对象进行测光时，可以将测光表放在拍摄对象上并来回移动，用最亮处和最暗处的平均值来曝光。

如拍摄对象是光线较暗的物品，比如黑色雕像，那么应该将光圈开大一两级，并放在半透明的塑料板或磨砂玻璃上，以白色为背景，这样就能突出拍摄主体。当然，店主也可以用一块柔软的塑料布挂在墙上，下端垫在拍摄对象下，以形成一个无缝的整体背景。

一般来说，多云天气的漫射光线能够拍出极好的效果。店主可以选择一个这样的天气，在室外摆放一张桌子，将拍摄对象放在桌子上进行拍摄。

绝大多数拍摄物都可以选择比较简单的背景，比如一个光洁的半面墙壁，一条床单等。拍摄珠宝类商品时，店主可以根据物品的颜色，放在反差较强的光线下，或者是深色的面板上，从上方进行拍摄。

总之，拍摄小型商品，店主需要掌握的技巧有很多，但目的只有两个：第一，将商品的外形拍得漂亮；第二，拍出商品的本来颜色。不过需要注意的是，背景不要拍摄到多余的物体，关于这一点，店主一定要牢记。

4.2.3 手机拍照技巧

拍照一定要用专业相机吗？答案是否定的。如今手机的拍摄功能和拍照技术已经非常先进，因此拍摄图片时也能达到理想的效果。

手机携带方便，可以随时随地对身边的事物进行拍摄，因此手机已经成为抓住瞬间精彩的好工具，也成为一些微店达人拍摄照片的好帮手。具体来说，手机拍照需要掌握哪些技巧呢（见表 4-5）？

表 4-5 手机拍照技巧

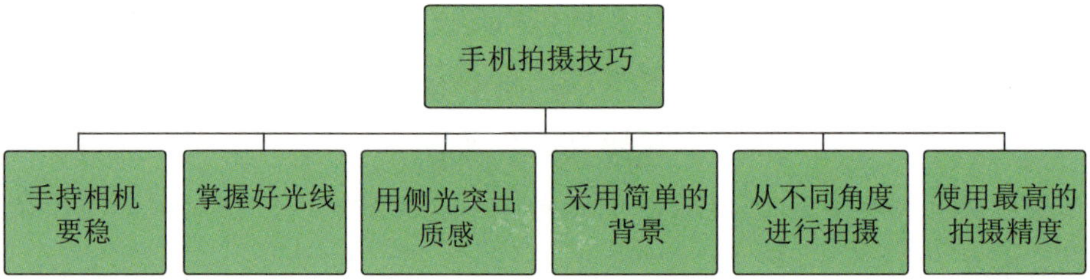

1. 手持相机要稳定

经常使用手机拍照的店主可能深有感触，由于手机只有那么大，机身比较轻，在拍摄商品图片时，如果手持不稳，即使再高的像素，再好的光线，也无法拍出理想的图片。

特别是那些摄像头比较敏感的手机，手部的稍微晃动就可能会影响到成像的效果。为了解决这些问题，拍摄时，店主可以用右手握住手机对准拍摄对象，同时左手托住右手，以保持手机平稳。

此外，店主要注意，与照相机相比，手机反应速度会慢一些，按下拍照快门后，并不能立即取景，而是快门发出声响时才能取景。所以用手机拍照时，店主最好先设置好快门声，而且手机要拿稳，并且拍照后要稍微延迟一会儿再结束拍摄动作，以免拍出来的照片出现模糊。

2. 掌握好光线

对摄影知识有一定了解的店主，一定知道光线对拍照的重要性，光线将直接影响成像的好坏。

与相机一样，手机对光线的要求也比较高。由于手机摄像头的镜头比较小，采光就更加重要了。因此用手机拍照时，店主必须要选择一个光线良好的环境，尽量不要在逆光的情况下拍摄。

除了通过外部条件来满足光源外，也可以利用手机内置的辅助功能来对其进行调节：比如调节亮度、夜间模式或增加闪光等。当然，在夜间或室内光线不足时，店主最好的办法是为其布光。如果是室内，可以加盏台灯；如果是室外，可以打开车灯或靠近灯源。其实，手电筒也是一个非常不错的补光源，光线比较昏暗时，手电筒也能起到补光的作用。

3. 用侧光突出质感

一般来说，光线越强，拍摄效果越好。但在实际拍摄过程中，光线是无法人为掌控的，所以拍摄时，店主要随时改变拍摄角度，注意观察光线的照射方向。当然，也可以顺着光线拍摄，尽量使光线自然照射到所拍摄的商品上。

由于从侧面射入的光线能更好地突出物体的质感，所以拍摄商品时，店主应尽量使用侧光。当逆光或侧逆光拍摄时，可以利用物品进行遮挡，或者用手在摄像头旁遮一下。

另外需要注意的是，在强光下拍摄，店主千万不要用手机镜头对着强光进行拍摄。

4. 采用简单的背景

拍摄商品时，店主应尽量采用简单的背景，因为它能突出拍摄主体。

拍摄前，店主可以仔细研究一下拍摄对象周围的环境，以免周围某个景象影响拍摄效果。同时，店主还要认真审视一下镜头中的景象，必要时重新拍一张。

5. 从不同角度进行拍摄

用手机拍摄时，店主应该多转动一下手机，尝试从不同水平高度进行拍摄，这样拍出来的图片效果往往会更佳。

除此之外，店主也可以从拍摄对象的不同角度进行拍摄，比如商品的正面、侧面等。

6. 使用最高的拍摄精度

一般情况下，手机都有选择照片尺寸的功能，主要有低、中、高三种拍照精度可供选择。一般来说，精度越高，拍出来的图片越清晰。在拍摄时，店主一定要记得将手机的拍摄精度调至最高，这样才能获得高质量的图片。或许店主无法直接从镜头中看出不同精度的区别，但将图片放到计算机上，你就会看出它们的不同。

以上是用手机给商品拍照的技巧，只要掌握了这些技巧，手机也可以拿来当相机使用。

4.3 商品图片的处理

一张好的商品图片，不仅可以给顾客留下良好的印象，还能提高店铺的推广效果。为了发挥商品图片的最大价值，店主可以使用图片处理软件，对商品图片进行一些简单处理，提高商品图片的吸引力。同时，店主还可以为商品图片添加水印，以防竞争对手盗用。

4.3.1 添加文字，增强说服力

在微店中，决定顾客购买商品的因素，除了精美的图片和需求外，还有商品的文字说明。在美化图片过程中，店主可以为图片添加一些文字，以增强说明效果。

如何为图片添加文字呢？

首先，需要借助图片处理软件，比如美图秀

图 4-12 点击“美化图片”

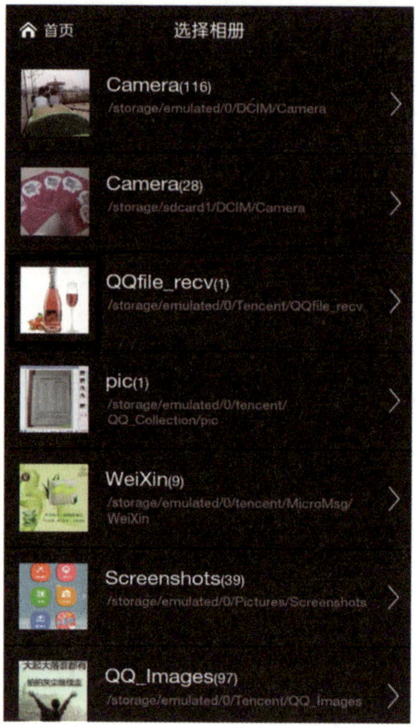

图 4–13 手机相册

图 4–14 图片已添加

秀或者 Photoshop 等，下面以美图秀秀为例进行说明。

在美图秀秀页面中，点击“美化图片”（见图 4–12），进入手机相册页面（见图 4–13）。然后选择图片所在相册，找到并点击需要处理的图片。

这时图片就会显示在美化图片页面中（见图 4–14）。因为要为图片添加文字说明，所以店主需要在菜单栏中找到并点击“文字”。然后可以看到一个输入文字的蓝色文字框（见图 4–15）。

如果店主想要添加一个会话气泡，可以先从会话气泡菜单栏中选择一款与商品图片相搭配的会话气泡。选定会话气泡后，其效果会直接显示在图片上（见图 4–16）。然后店主再对图片进行文字编辑。

点击“蓝色文字框”，在文字编辑页面中（见图 4–17），店主就可以在“修改文字”下面的框中输入文字了。

输入完文字（见图 4–18），点击左下角的“文字样式”。这时可以看到“字体”和“颜色样式”两个选项。首先，在字体界面中，可以根据自己的需要选择文字字体。字体选定后（见图 4–19），点击“颜色样式”。

图 4-15 蓝色文字框

图 4-16 添加会话气泡的图片

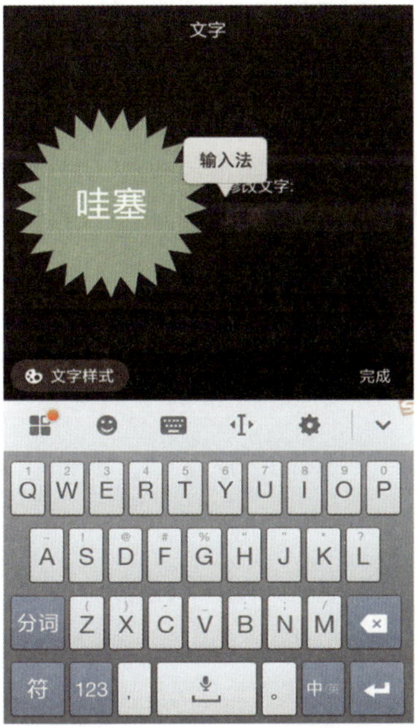

图 4-17 文字编辑页面

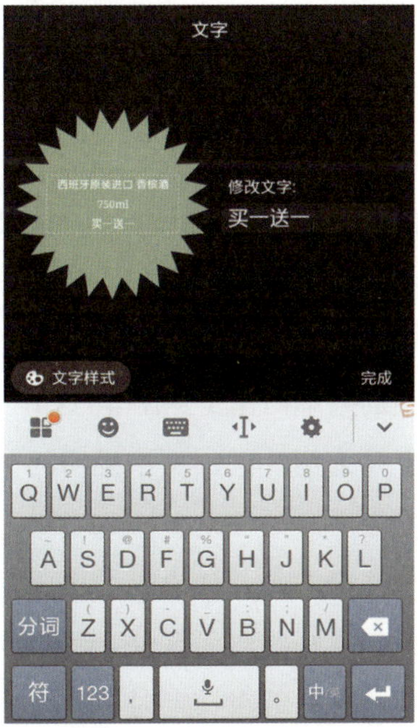

图 4-18 已输入文字

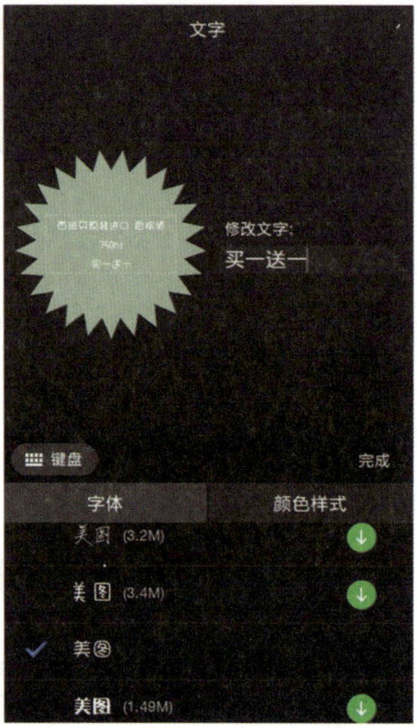

图 4-19 选择文字字体

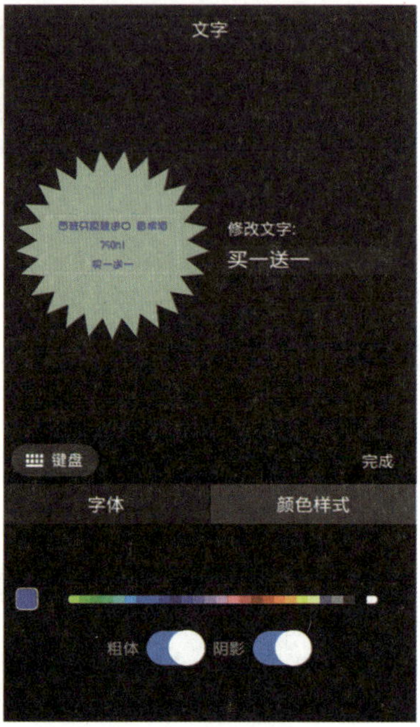

图 4-20 选择文字的颜色样式

在“颜色样式”界面中，店主需要根据自己的需求，选择文字的颜色、粗体和阴影（见图 4-20），并点击“完成”。然后在文字编辑页面中，就能看到编辑好的文字效果了（见图 4-21）。

进行到这里，店主还未真正完成文字添加工作，还需要对会话气泡进行调整。具体的做法是，按住蓝色边框上的旋转图标以及对角，可以对会话气泡进行放大或缩小，并移动它在图片中的位置。

调整完会话气泡（见图 4-22），点击右下角的“√”，便完成了为图片添加文字说明的基本操作（见图 4-23）。

以上是为图片添加文字说明的基本流程，操作较为简单，即使店主是初学者也很容易上手。

需要注意的是，如果店主想要添加会话气泡，一定要在输入文字前先添加，否则已经编辑好的文字效果会因添加会话气泡而消失，重新编辑会比较麻烦。

除此之外，编辑文字时，其内容最好简单明了，抓住商品卖点，这样才能吸引顾客眼球，从而提高店铺的销售量。

图 4-21 已编辑好的文字

图 4-22 会话气泡已调整

图 4-23 图片已添加文字

图 4-24 已选定的图片

4.3.2 添加水印，防止他人盗用

为了吸引顾客购买商品，很多店主在商品图片上花费了不少时间和精力，有些店主甚至重金聘请他人为自己拍照并设计商品图片。有些人为了省时省力，就会投机取巧，专门盗取同行店主辛苦制作的图片。为了防止他人盗用图片，店主可以为图片添加一些水印。

具体如何操作呢？

打开美图秀秀后，点击“美化图片”，并在手机相册中选定需要处理的图片，这样图片就会显示在美化图片的页面中（如图 4–24）。然后在下方的菜单栏中找到并点击“文字”，进入到文字编辑页面（见图 4–25）。

之后点击图片上的蓝色文字框“点击输入文字”，这时就可以在“修改文字”下面的文字框里输入文字了。

编辑文字时，店主可以输入自己的独特信息，比如微信号或微店的名称等（见图 4–26）。这样不但可以防止他人盗取你的图片，还能让顾客通过图片上的水印联系到你，或者进入你的店铺，从而大大提高店铺的曝光率。

输入完文字，可以点击右下角的“文字样式”，根据自己的需求，选择合适

图 4–25 文字编辑页面

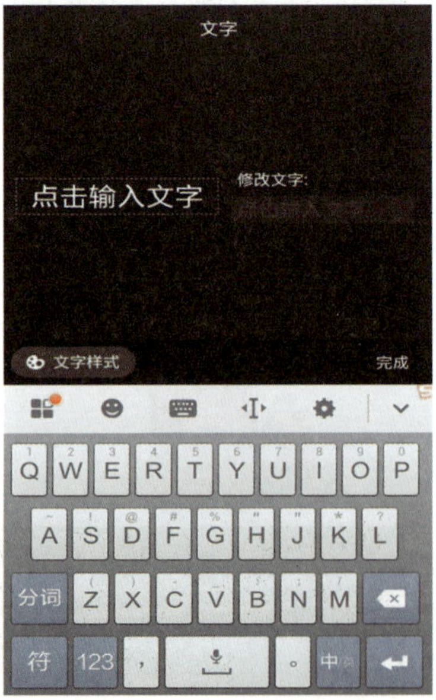

图 4–26 输入文字

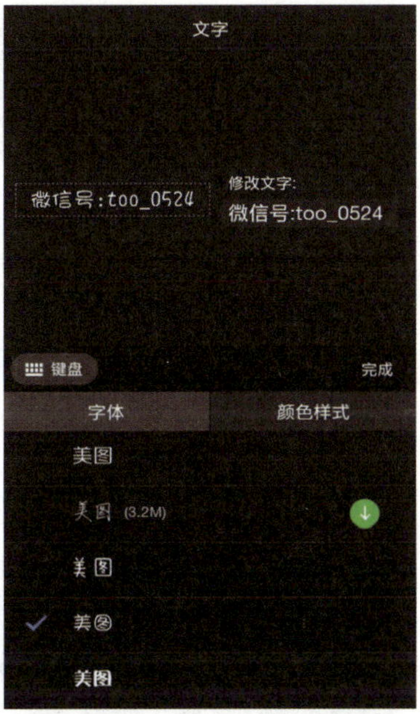

图 4-27 选择字体

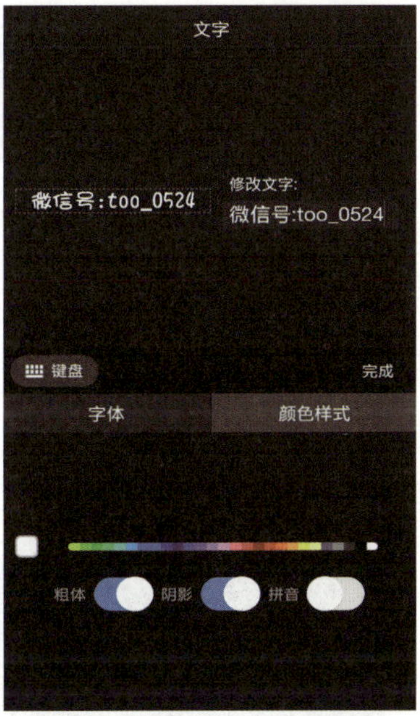

图 4-28 选择颜色样式

的字体和颜色样式（见图 4-27、4-28），然后再点击“完成”即可。

这时店主输入的文字就会显示在图片上了（见图 4-29）。为了预防他人盗用，店主可以扩大水印的面积。同时为了图片的美观，还可以适当地调整一下水印的位置。具体操作是，按住蓝色边框上的旋转按钮，可以将图片中的水印进行 360° 旋转，同时向内可以缩小水印，向外可以扩大水印。松开旋转按钮，可以直接移动水印的位置。

调整完水印后（见图 4-30），点击右下角的“√”，为图片添加水印的基本操作就完成了（见图 4-31）。

以上是为图片添加水印的基本流程，操作比较简单，很容易就能学会。

为图片添加水印，主要是为了防止他人盗取自己的“劳动成果”。但在添加水印的过程中，店主一定要掌握好水印的大小和位置，以免因文字太大或位置放错而影响图片的美观，降低图片对顾客的吸引力。

4.3.3 添加相框，提高商品档次

如果拍摄的图片背景比较单调，店主可以为其增加一个漂亮的相框，这样不

图 4-29 已编辑好的文字

图 4-30 调整好的水印

仅能让图片本身看起来更吸引人，如果相框添加合宜，也能在一定程度上提高商品的档次。

在美化图片的过程中，要想为图片添加与之匹配的相框，具体该如何操作呢？

首先，店主需要点击美图秀秀中的“美化图片”按钮，然后在手机相册中找到并添加所需图片。这时添加的图片就会显示在美化图片页面中（见图 4-32），接下来再点击下方菜单栏中的“边框”即可。

在“边框”页面中（见图 4-33），可以看到三种不同风格的边框，分别是

图 4-31 水印已添加

图 4-32 美化图片页面

图 4-33 添加边框页面

海报边框、简单边框和炫彩边框。

如果选择的是海报边框，店主可以在海报边框菜单栏里挑选一款与商品搭配的边框。选中某款海报边框后，图片就会显示该边框（见图 4-34）。

为了让图片看起来更美观，可以适当调整一下图片的位置（见图 4-35），再点击右下角的“√”即可。

这时，店主就能看到图片添加边框后的效果了（见图 4-36）。当然，如果店主不喜欢海报边框菜单栏中显示的边框，可以到“更多素材”中去挑选(见图 4-37)。

素材中的边框种类比较多，并且可以免费使用，但想要使用它，店主需要下载。边框下载完成后，再点击右上角的“完成”，已下载的边框就会显示在海报边框菜单栏中。

当然，如果店主不喜欢海报边框，也可以从“简单边框”或“炫彩边框”中选择。如果对菜单栏中已有的边框不满意，还可以去“更多素材”中挑选。

添加边框的具体流程基本相同，这里就不再一一赘述了。总之，想要激发顾客购买商品的欲望，为图片添加恰当的相框，这是各位店主必须要学会的操作技巧。

图 4-34 图片已添加边框

图 4-35 调整图片在边框中的位置

图 4-36 已添加海报边框的效果图

图 4-37 海报边框中的“更多素材”

4.4 一次性处理大量商品图片

由于拍摄器材不同或选用图片的来源不同，其图片大小、格式也各不相同。为了方便商品图片的使用，店主可以根据自己的需求，对商品图片进行相应的调整。

有时候，由于拍摄的图片较多，一张张处理费时费力。为了快速完成图片处理工作，店主可以利用图片处理软件一次性处理大量的商品图片，这样就能轻松完成批量图片的处理工作。

4.4.1 批量修改尺寸

不同拍摄器材拍摄出来的商品图片，大小是不一样的。尤其是用相机拍出来的图片，尺寸往往比较大，要想上传到微店，必须将商品图片缩小至合适的尺寸。面对如此多的商品图片，如果店主一张张修改图片尺寸，将是一项非常巨大的工程。

要想快速完成大量图片的修改工作，店主可以用各种图片软件，将所有图片批量按照自己想要的尺寸自动处理。这里以美图秀秀为例，向大家介绍如何使用美图秀秀批量修改图片尺寸。

首先打开美图秀秀，找到并点击“批量处理”（见图 4–38）。如果你是第一次下载美图秀秀，或者之前未使用过“批量处理”功能，那么系统会自动弹出一个对话框，询问是否立即下载“美图秀秀批处理”软件，这时点击“确定”即可（见图 4–39）。

图 4–38 美图秀秀首页

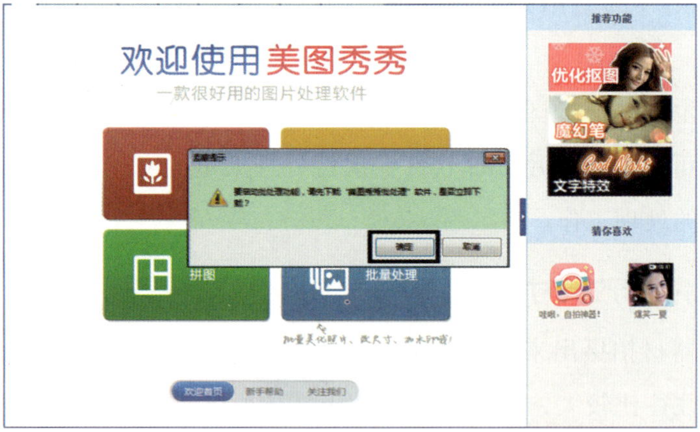

图 4–39 点击“确定”下载批处理软件

在美图秀秀批处理页面中，可以将要处理的图片直接拖进来，也可以点击“添加多张图片”或者“添加文件夹”。只不过前者一次只能添加一张图片，后者可以直接将所有图片添加进来。

为了省时省力，店主可以将想要调整尺寸的图片放在一个文件夹中，再点击“添加文件夹”（见图 4-40）。

找到需要添加的文件夹，点击“确定”（见图 4-41）。这时，所有需要处理的图片都显示在页面上了(见图4-42)。然后点击右上角保存设置中的“修改尺寸”。

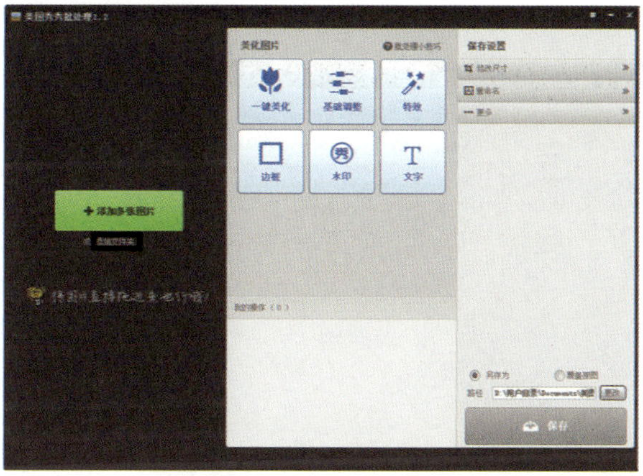

图 4-40 点击“添加文件夹”

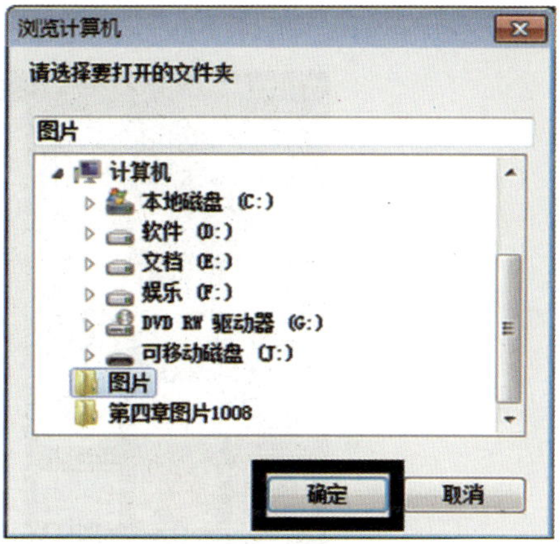

图 4-41 点击“确定”

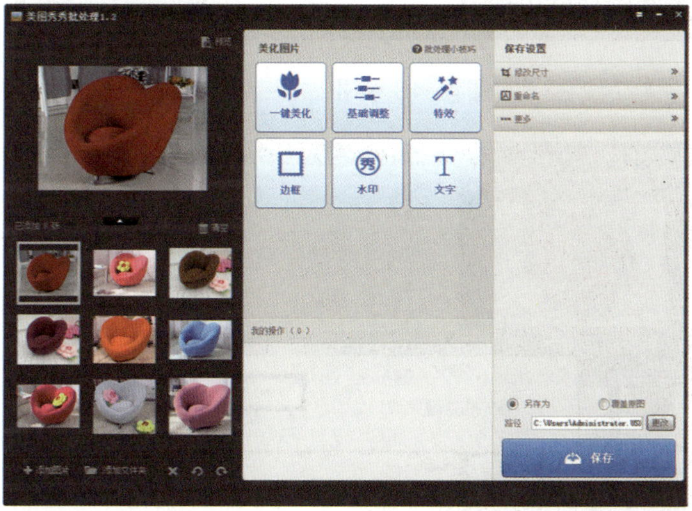

图 4-42 图片已添加

进入修改尺寸界面，会看到“不修改尺寸”和“修改尺寸”两个选项。这里选择“修改尺寸”，并去掉“保持原图比例”中的对勾，然后根据自己的实际需求，填写图片的宽度和高度，并且选择“另存为”或“覆盖原图”，最后点击蓝色按键“保存”即可（4-43）。

这时图片尺寸的批处理工作就完成了。如果你想看一下图片尺寸修改后的效果，可以直接点击“打开文件夹”（见图 4-44），就能看见处理后的图片了（见图 4-45）。

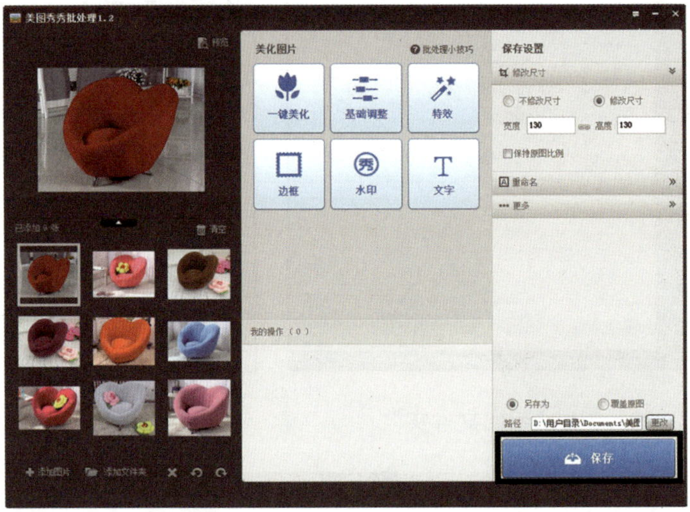

图 4-43 点击“保存”

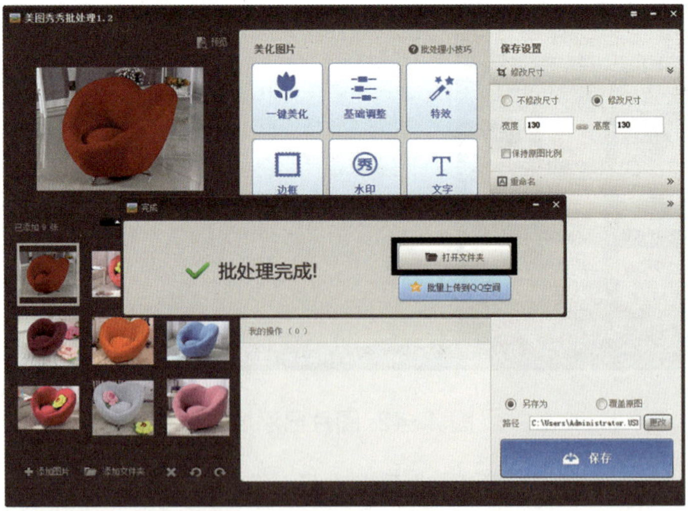

图 4-44 点击“打开文件夹”

当然，如果你对处理后的图片不满意，还可以重新调整，直到满意为止。

以上就是批量处理图片尺寸的基本流程，操作比较简单。只要掌握了这些方法，即便再多的商品图片，图片的尺寸大小差异再大，都能轻松批量搞定。

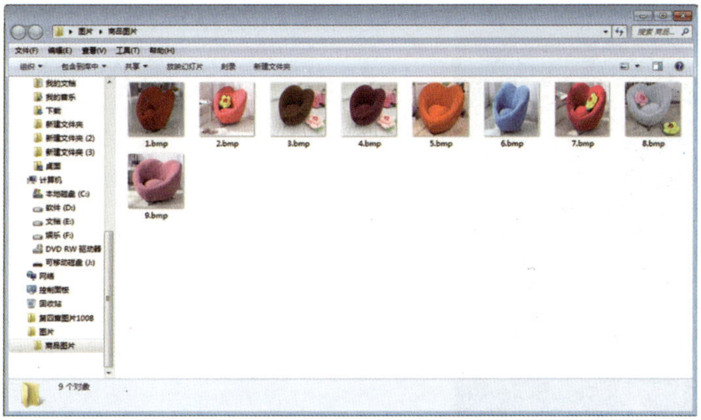

图 4-45 批处理后的图片

4.4.2 批量转换格式

由于不同拍摄器材的配置不一样，其图片存储支持会有很大的差异，导致图片格式不统一，甚至有些图片格式是微店平台不支持的。在这种情况下，店主可以使用图片处理软件中转换图片格式的功能。

如果一张张处理比较麻烦，要想批量转换图片格式，店主也可以使用批量转换软件，比如美图秀秀来实现。

打开美图秀秀，点击美图秀秀的“批量处理”功能。在美图秀秀批处理页面中，点击“添加多张图片”或“添加文件夹”。添加所需商品图片后（见图 4-46），打开右上角保存设置中的“更多”。

在“更多”界面中，点击格式中的选项按钮，

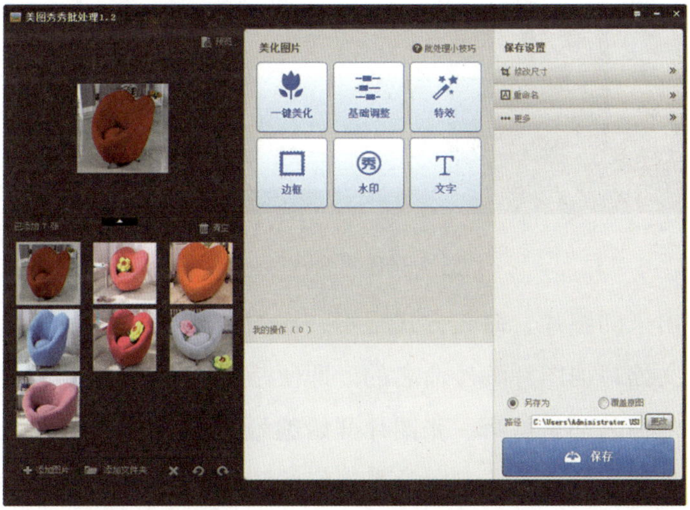

图 4-46 添加所需商品图片

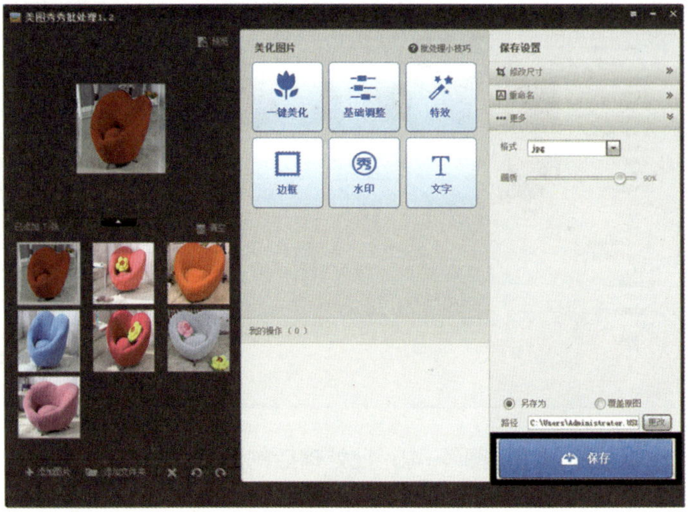

图 4-47 点击“保存”完成批量转换格式

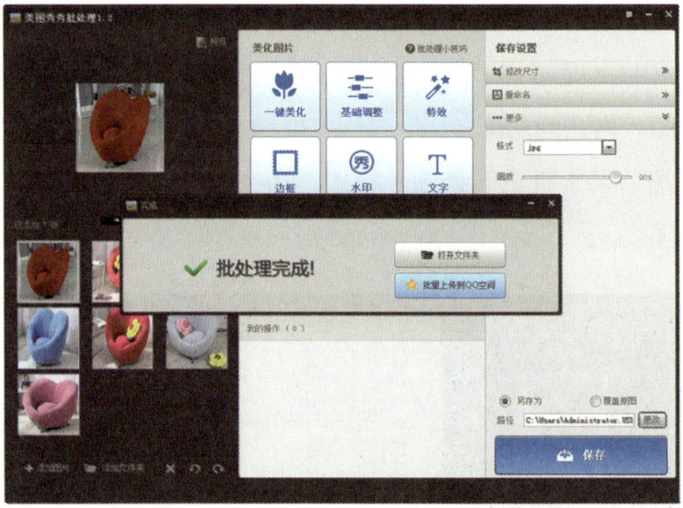

图 4-48 批处理完成

选择“jpg”，调整一下画质比例，并根据自己的需求选择合适的保存路径，点击蓝色按键“保存”即可（见图 4-47）。

这时图片格式的批量处理就完成了（见图 4-48）。如果你想看一下处理后的图片效果，点击“打开文件夹”，就能在文件夹中看到修改格式后的图片了（见图 4-49）。

以上就是批量处理图片格式的具体过程。只要掌握了这些流程，就能通过批量转换软件，将不同的图片格式统一转换成一种格式，这样可以有效解决大量图片格式不统一的问题了。

4.4.3 批量重命名

不同拍摄器材拍摄出来的图片，命名方式是不一样的。有些图片是按照时间命名的，有些图片是英文缩写加图片编号命名的。即便是同一个拍摄器材，由于商品图片比较多，图片的命名都是从第一张图片开始编号的。在拍摄过程中，店主不可能将每张图片都拍得非常完美，删除效果不好的图片后，系统无法将图片继续按照刚才的顺序命名。比如，删除图片 DSC_10、DSC_11 和 DSC_13 后，拍摄的新图片会直接命名为 DSC_14，而不是 DSC_10。

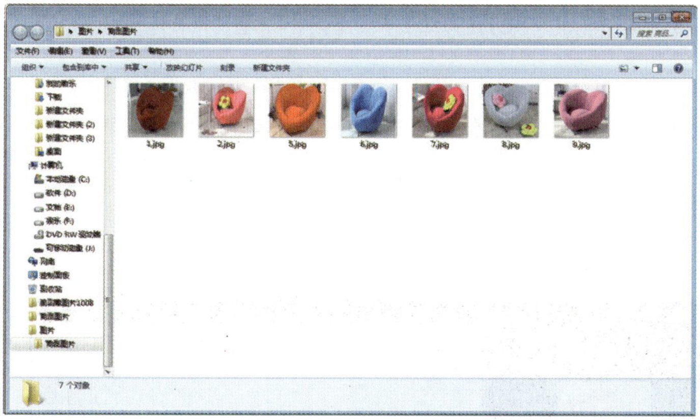

图 4-49 修改后的图片格式

在这种情况下，店主无法清楚得知每个商品的图片数量。为了方便商品图片的使用，店主可以利用图片处理软件，根据自己的需要，将商品图片按照一定的顺序重新命名。

打开美图秀秀，在美图秀秀批处理页面中添加所需图片，并打开保存设置中的“重命名”。在重命名界面中，会看见“不改变文件名”和“重命名”两个选项，这里选择“重命名”（见图 4-50）。

然后店主需要填写“前缀”和“起始序号”。其中，“前缀”一般填写的是

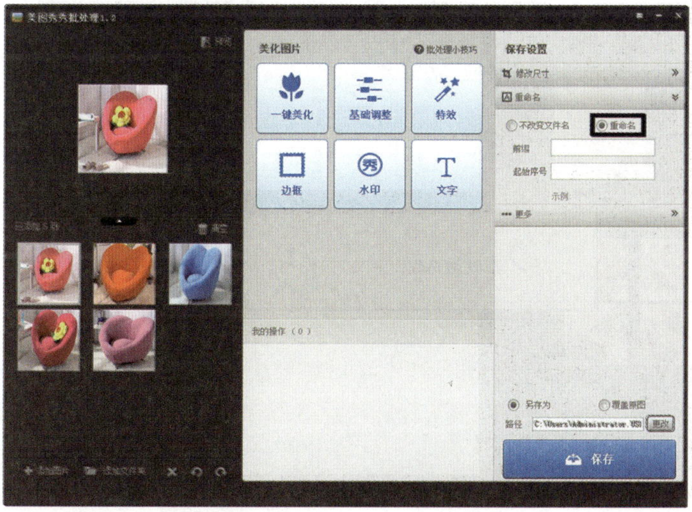

图 4-50 选择“重命名”

商品名称。填写完这些后（见图 4–51），选择合适的保存路径，点击蓝色按键“保存”即可。

这时批量处理图片的重命名就完成了（见图 4–52）。想要看一下处理后的图片效果，点击“打开文件夹”，就能在文件夹中看到已重新命名的商品图片了（见图 4–53）。

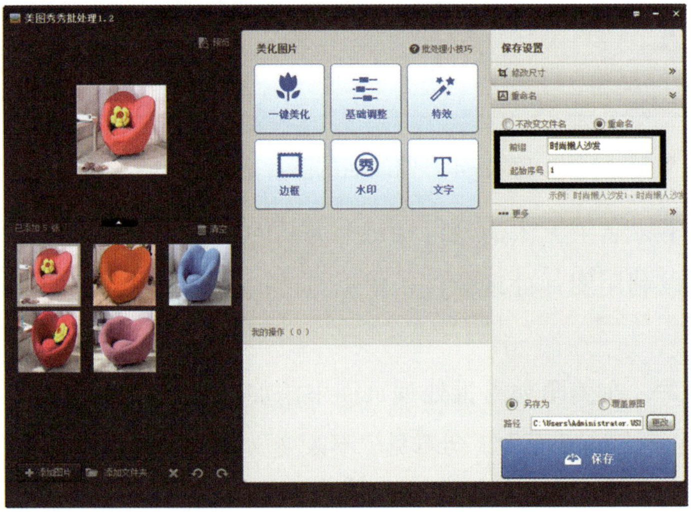

图 4–51 填写“前缀”和“起始序号”

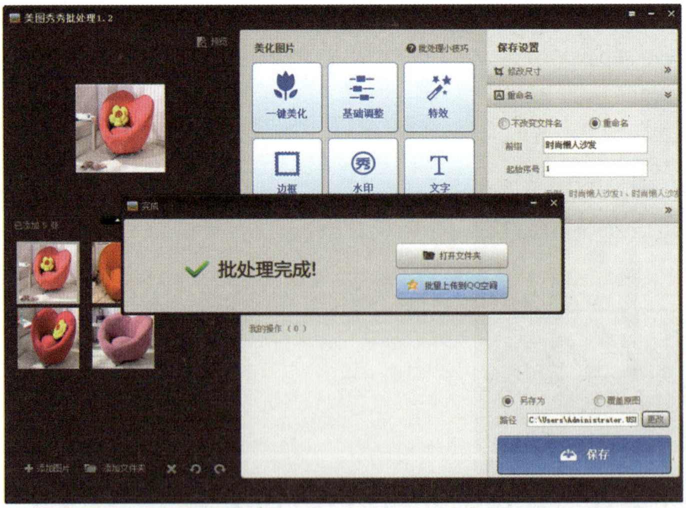

图 4–52 图片已完成批处理

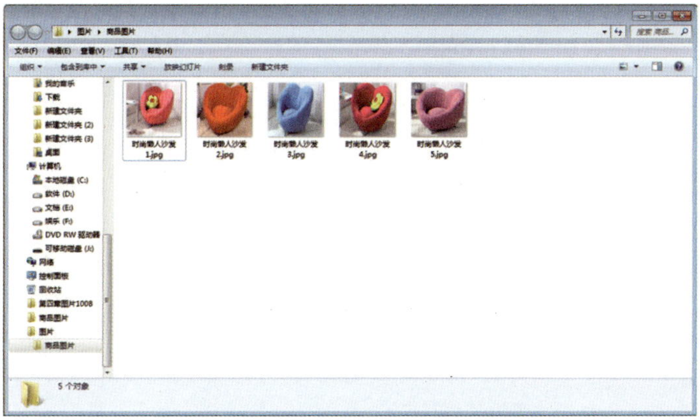

图 4-53 已重新命名的商品图片

以上就是批量处理图片重命名的基本操作。如果店主能够掌握这些流程，即便使用的是不同器材拍摄的图片，也能利用图片处理软件，根据自己的需求，批量将图片按照一定的顺序进行重新命名，使店主使用商品图片更加方便、便捷。

第5章

CHAPTER ONR

不同品类商品的拍照技巧

顾客进入微店后，首先映入眼帘的便是商品图片。在后续浏览中，图片质量直接决定了人们对商品和微店的印象，甚至直接决定了他们是否购买。

有鉴于此，店主必须在商品图片的拍摄上下足功夫，创造良好的页面和商品视觉效果。只有这样，才能让商品和图片相得益彰，最终促进店铺的生意。

5.1 服饰类商品

服饰是微店经营品类中最重要的一类。对于微店来说，抓住了销售机会，就有可能在网络销售领域大展拳脚。

在微店中，由于顾客是通过图片感受服饰质感和美感的，所以店主必须要做好服饰类商品的拍摄，以高清晰和高质量的图片获取顾客的好评，提高店铺的点击率和顾客转化率。

5.1.1 拍摄服装注意的问题

对于经营服装类商品的微店来说，图片拍摄是一大重点，当然也是一大难题。同样的一件衣服，拍摄水平不同，最后呈现出来的图片效果就会不同，甚至有时候会是天壤之别。

大多店主都并非专业摄影师出身，因为资金等问题，也没有办法请专业摄影师拍摄服装。在这种情况下，店主必须立足于提高自己的拍照水平，通过个人努力，自己拍摄出质量佳、效果好的服饰图片。

开始拍照前，有哪些拍照的关键因素需要特别注意呢？

1. 拍摄模特要体现服装的形体美感

拍摄模特时，店主一定要以体现服装的形体美感为重点（见图 5–1）。如果衣服是主体，那么搭配衣物的其他饰品，比如鞋子、包包等，这些配饰要合宜，要以衬托主体为中心，重在强化服装的美感。

在摄影棚拍摄时，可以根据衣服选择相应的背景，也可以选择单纯的白色或黑色背景。进行外景拍摄时，可以使用大光圈虚化背景，以凸显模特的立体感。

另外需要注意的是，场景不同，光线和色温也是不一样的，拍摄时一定要注意不要偏色。在模特拍摄过程中，模特的表情和动作要自然随意，眼神要到位。同时，店主可以采用平光拍摄，但一定要分清主次光，这样拍出来的图片才能体现衣物的质感。

图 5–1　体现服装的形体美感

2. 平铺或挂拍要体现服装的细节

平铺或挂拍衣物时，可以在影棚中拍摄。拍摄的图片要体现衣物的细节，主要是以衣物的款式为主。

进行挂拍时，一定要注意灯光，不要让其在背景上留下投影。要想避免这种情况的发生，可以将衣物挂在离背景稍远的地方，同时在背景后面放置一盏灯，可以有效消除投影。

3. 室内外拍摄要掌握好光线

要想拍出漂亮的服装图片，必须要掌握好光线。在摄影中，光线的应用非常关键，好的光线往往会有事半功倍的效果。

室内拍摄时，店主可以多放置几盏灯，以弥补光线的不足。室外拍摄时，最好不要选择太阳光直射的地方，可以选择树荫下或太阳篷下。

拍摄时，要注意观察光线是否均匀。如果画面上显示光线一明一暗，那么最终拍摄效果就容易出问题。斜射的阳光同样不可取。

图 5-2 不做点缀的服装效果图

图 5-3 经过简单点缀的服装效果图

总之，不管是室内拍摄还是室外拍摄，要尽量保持光线充足，避免使用闪光灯，也不要逆光源拍摄。只要做到这些，一般都能保证拍摄出来的服装颜色自然艳丽。

以上是拍摄服装时需要注意的几个问题。店主在拍摄服装时，如果能够充分注意这些问题，基本上就能拍出不错的服装图片。虽然拍出来的图片有些细微的瑕疵,可以在后期进行图片处理。但拍摄时，店主还是要尽量注意以上几点，这样不但可以节省修图的时间，而且拍出来的效果也会很好。

5.1.2 服装挂拍技巧

如果店主经营的是服装类商品，那么想要拍出好的服装图片，首先就要掌握三种常用的服装拍摄方式，它们分别是平铺、挂拍和模特试穿。

挂拍就是把衣服挂着进行拍摄。如果店主选择这种拍摄方式,那么一定要注意以下几点技巧。

1. 简单点缀

进行挂拍时，可以做些简单的点缀。同样都是挂拍,做点儿简单的点缀,与没有做点缀的服装,拍出来的图片效果大不一样。

举个例子，在拍摄服装时，如果店主将黄色衣服挂在蓝色衣架上，以白色为背景，并且不做任何点缀和装饰，那么拍出来的图片不仅单调无趣，而且会让人感觉沉闷、笨拙（见图 5-2）。

如果店主想要拍出好的服装图片，拍摄时，可以在衣服旁边放一盆绿色植物做点缀（见图 5-3）。同样是以白色为背景，但有了植物点缀，就成了服装的神来之笔，瞬间使整张照片看起来生机勃勃。

2. 服装要整理好，熨平整

无论使用哪种拍摄方式，拍摄前都要把衣服整理好，熨平整。没有哪位顾客会喜欢看上去乱糟糟且有褶皱的衣服，而且这样拍出来的图片看起来非常不美观，会降低服装对顾客的吸引力。

3. 搭配要合理

挂拍还有一个技巧，那便是要将衣服搭配起来进行拍摄。只要搭配得合理，就会给人一种不一样的感觉，从而加大衣服对顾客的吸引力。

此外，由于挂拍是将衣服挂在衣架上，店主在选择衣架时，也应与衣服搭配。如果店主不太擅长颜色的搭配，可以选择木制衣架，它与任何颜色的衣服搭配在一起都比较协调。

另外，为了凸显衣服的质地，同时也为了宣传店里其他的商品，店主也可以搭配店铺里售卖的其他商品一起拍摄。比如，一条黑色打底裤和一双雪地靴（见图 5-4），这样不但让顾客看到了店铺要出售的衣服，还能指点顾客如何搭配衣服，带动店铺中其他商品的销售，可谓两全其美。

图 5-4
用黑色打底裤和雪地靴搭配衣服

以上是挂拍衣服的一些拍摄技巧。虽然挂拍看起来很简单，但在具体操作过程中，细节方面的要求以及流程上的把握一点也不低于模特拍摄。

在挂拍时，店主一定不要拘泥于某种固定模式，而是要懂得做些简单点缀，合理搭配，做好细节，这样拍出的服装图片效果一般不会太差。

5.1.3 平铺服装拍摄注意事项

与挂拍一样，平铺服装拍摄也是一种比较常用的拍摄方式。这种拍摄方式最大的优点是不需要借助其他辅助器材，直接将衣服平铺就可以拍摄。缺点是拍出来的图片缺乏立体感。

图 5-5 牛仔裤褶皱

图 5-6 收腰

店主要想拍摄平铺服装，必须注意以下几个事项。

1. 服装要尽量体现立体感

拍摄衣服时，为了体现视觉效果和立体观感，衣服最好不要平平整整地铺在地上。与挂拍和模特拍摄不同，平铺拍摄时最好能有一点儿褶皱。

具体操作时，店主可以想象一下衣服穿在人身上时的样子，然后有意识地制造一些突起或者弯曲，使得衣服有立体感，这样的图片更容易打动顾客。

这里以拍摄牛仔裤为例。

首先，为了让牛仔裤显得更立体，更丰满，可以将两条裤子套在一起进行拍摄。拍摄时，腰口可以保持一个倒立三角形形状，裤子前面的拉链要拉开，左边部分偏向一边。

裤腿则要有意识地制造大一些的褶皱，具体的做法是，里面的裤子保持不变，将外面裤子的裤腿拉起来。只要慢慢拉开，很容易形成褶皱。然后店主根据自己的需要调整一下裤子褶皱的形状和位置（见图 5-5）。也可以将裤腿的裤口挽起来，这样可以让顾客看到裤子的布料，让顾客放心购买。

2. 细节展示要到位

平铺衣服时，一定要注意细节。将细节做到位，以便顾客全面了解衣服，具体方法如下。

（1）腰身要收一下（见图 5-6）。男装要显得板板整整，女装则要显得优雅、有弧度、有轮廓，特别是腰部和胸部的位置，一定要根据身体结构来设置衣服的造型。

（2）袖子要做出立体的感觉。袖子不能过分伸展，尤其是腋窝的位置要掖进去，给人一种修长的感觉。同时，还要注意袖子的肘部，要将肘部做出一个较大的褶皱，这样才能使袖子显得更有立体感。

（3）拉链也是店主要注意的细节部位。拉链要有弧度，具体操作时，可以根据身体构造来做出弧度。当然，也可以将衣角的拉链折起来，这样一方面可以让顾客看到衣服里料的质地，另一方面也会使衣服看起来比较美观。

（4）领口要对称。不过特殊的衣服可以特殊对待，总之摆出立体的造型就好。

（5）衣服里面的商标可以露出来，并且保持一定的角度。

图 5-7 搭配上衣

3. 搭配要得体

平铺拍摄时，店主一定要注重服装的搭配。

如果店主拍摄的是上衣，可以搭配裤子、鞋帽、手包等（见图 5-7）。这样拍出来的图片不仅可以体现店主的用心，还能为衣服的整体效果加分。

当然，如果拍摄的是黑色衣服，为其搭配一件条纹衬衫（见图 5-8），并将领口、衣袖、帽子都处理得十分完美，那么立体效果也会很明显。里面搭配的衬衫与黑色衣服相得益彰，能为衣服增添几分美感。

图 5-8 衣服里面搭配衬衫

如果店主拍摄的是一条裤子，那么可以根据裤子的特点为其搭配一双鞋子。比如，一条牛仔裤搭配一双红色帆布鞋（见图 5-9），这样红色

图 5-9
一条牛仔裤搭配一双红色帆布鞋

帆布鞋就起到了提亮整张图片的效果，整个搭配会让顾客眼前一亮。

以上是拍摄平铺服装的几点注意事项。在拍摄过程中，无论是哪种类型的服装，如果店主能够注意到这些事项,将细节做到位,敢于大胆创新，将服装个性而不突兀地展现在顾客眼前，那么即便是平铺拍摄，也能拍出服装的立体感和美感。

5.1.4 模特拍摄技巧

微店与网店一样，大多都是由真人模特来完成服装展示的。模特展示出来的服装更能打动顾客，通过这种方式，顾客也更容易想象衣服穿在身上的效果，因此，真人模特试穿服装就成了店主吸引人的法宝。

为了让模特更好地将服装展示给顾客，店主还必须注意以下一些模特拍摄技巧。

1. 背景与光线的选择

店主选择模特拍摄背景时，应以简洁、朴素为佳，切不可过于复杂和繁复，只要起到衬托服装的效果就可以。

选择光线时，光线最好是匀称的，不可过亮或过暗，尽量达到自然光的效果。

2. 拍摄方向的选择

拍照时，选择不同的拍摄方向与角度，拍摄出来的照片自然效果不同。在真人模特拍摄时，店主必须要选择好拍摄的方向与角度。

一般来说，拍摄方向主要有以下四种。

（1）正面拍摄。从正面拍摄模特，不仅可以很好地展示出模特的正面特征，而且人物的各部分都处在相对匀称的位置，能够将服装的整体效果展现出来。

（2）前侧面拍摄。从前侧拍摄模特，不仅可以展示出模特的正面特征，还能展示出模特的侧面特征，这样能将两者很好地结合起来，充分表现出模特身材的魅力。另外，从这个角度进行拍摄，可以凸显衣服的立体感，使整个画面生动活泼，为服装增添几分美感。

（3）侧面拍摄。在拍摄过程中，将摄像头正对模特的侧面，这样可以很好地展现出模特以及衣服侧面的线条，使得模特侧面轮廓得到充分的体现。

（4）背面拍摄。在真人模特展示服装效果时，拍摄背面照也是比较常见的。在拍摄背面照时，店主需要注意模特背面的衣服要尽量平整一些，最好不要有过多的褶皱，当然这也要视情况而定。

除此之外，店主也可以将模特的正面、背面照结合起来，这种方式可以将衣服的全貌展示出来。

3. 模特姿势设计

进行模特拍摄时，店主可以根据衣服的种类来选择模特姿势。如果店主拍摄的是中长款风衣，可以让模特以站立的姿势进行拍摄（见图 5–10）。模特站姿时，店主可以让模特身体转出一定的角度，也可以让模特的双臂和双腿一曲一直。同时，还要让模特的手做出相应的动作，以使整个身体更加协调、自然，增加身体的曲线美。

图 5–10 模特站姿拍摄

店主也可以选择让模特以坐姿进行拍摄。与站姿相比，坐姿的局限性要大一点，但坐姿有时比站姿更能展现出模特的曲线美。

拍摄时应注意，模特的膝盖最好不要正对镜头，可以与镜头呈 45° 角，并尽量伸直小腿，这样可以拉长模特的腿部轮廓。

图 5–11 拍摄坐姿模特

除此之外，要想更好地展示服装，模特不可坐得太实，脊背不能靠在椅背上，而是要用脊椎骨支撑上半身。这样会让模特显得情绪高昂，精神饱满，整个人看起来有精神（见图 5-11）。

以上是模特拍摄技巧。店主要想让模特更好地展示服装，这些技巧一定要掌握。总之，无论怎样拍摄，店主都要在镜头中寻找模特最恰当的身体比例。只有比例合理，拍出来的服装图片才能让人看起来感觉舒服。否则，模特姿势再漂亮，也是徒劳无功。

5.1.5 服装模特拍摄地点

拍摄服装模特时，不仅模特的身体造型很重要，拍摄地点也同样重要。服装店的顾客绝大多数都是普通群众，他们购买衣服是为了在工作场合或平常生活中穿着。因此，拍摄服装模特时，如果店主选择的背景是日常生活中常见的场景，会让顾客认为这件衣服穿在哪都比较合适，无形之中会大大提高店铺的成交率。

拍摄服装模特时，如何选择拍摄地点呢？

1. 不同服装选择不同拍摄地点

拍摄时，店主可以根据服装的类型选择合适的拍摄地点。比如，短裙热裤可以在沙滩上拍摄，运动休闲装可在运动场上拍摄，清新亮丽的服装可在公园、街道上拍摄。

图 5-12 以工作场景为拍摄地点

这里以职业装为例。如果店主拍摄的是职业装或者是整体风格简单大方的服装，可以把工作现场作为模特拍摄的地点，并采用现场自然光线，努力营造出一种接近生活、接近工作的场景。这样的背景可以衬托人和衣服，拍摄出来的服装图片会增加服装本身的魅力，不仅自然得体，而且更有吸引力。

图 5-12 中，背景是一个办公室，模特身穿职业装，右手还持有一台平板电脑。这样的拍摄地点不仅看起来大方整洁，而且能吸引购买职业装顾客的目光。

2. 可选择超市、商场等地点

拍摄服装时，可以选择超市、商场等拍摄地点。

在这些地点拍摄时，一些拍摄技巧和图片处理技巧就显得十分必要了。

比如，图 5-13 中，背景是一个小超市，琳琅满目的商品十分夺目，且大多商品都是鲜艳亮丽的颜色。拍摄这张照片的精明之处，就在于店主将镜头聚焦在了模特身上，使模特身后的商品模糊不清，这样模特身上的黑色衣服就能恰到好处地凸显出来了。

图 5-13 聚焦在模特身上

3. 不宜选择一些不良场景

一个合适的拍摄场景可以衬托、美化模特和服装，而不良的背景则会影响照片的美观。选择拍摄地点时，要注意避免一些不良场景。

（1）景物零乱繁杂。比如人来人往、车水马龙的街道，这些地方的景物繁杂不可控，不但增加了拍摄难度，而且拍摄效果也会大打折扣。

（2）有亮色块的景物。比如附近有颜色鲜亮的建筑物等，这些景物会喧宾夺主，拍出来的图片不仅会分散顾客的注意力，还会使顾客的目光聚集在建筑物上，而模特身上的衣服则显得黯淡无光，这样就失去了拍摄的意义。

（3）冷色调的景物。在这样的地点拍摄，店主不容易调控光线。当不可控的光线反射到模特脸上时，模特会显出一种病态或不健康的样子，使整张照片毫无生气，给顾客带来一种不良的感觉。

（4）反差异常强烈的景物，即有多种对比色同时出现。如果模特本身的服装搭配采用的是撞色搭配，可以彰显出模特的自信与活力。如果背景中也存在撞色的景物，就会使整张照片分不出主角和配角，反而无法起到衬托模特的作用。

以上是选择服装模特拍摄地点的要点，掌握了这些要点，拍摄出来的图片效果通常都不会太差。

5.2

如何拍摄面膜的效果

在美容化妆品中，面膜被称为“美容之王”。它可以快速渗透肌肤，高效改善人们的皮肤质量，因此面膜是微店中经常经营的一个品类。

对于店主来说，要想抓住顾客的眼球，面膜的拍摄尤为重要。店主需要掌握一定的技巧，才能拍摄出好的面膜效果。

5.2.1 场景布置准备

拍摄面膜不仅要拍摄面膜的外包装，还要拍摄贴式面膜本身。由于面膜的材质与形状完全不同于服装、书籍这类具有固定形态的商品，因此拍摄起来难度很大。面膜的外包装盒一般都是反光性比较强的材料，这对拍摄时的光线要求比较高。因此在拍摄面膜前，必须用心布置好场景，这是拍摄好面膜最关键的一步。

一般来说，场景布置准备工作主要包括三个方面，即选择拍摄地点、布置背景和准备拍摄器材。

1. 选择拍摄地点

拍摄面膜时，可以选择在室内光线比较充足的地方进行拍摄，比如阳台。当然，也可以到室外拍摄，比如公园。

对于顾客来说，购买面膜最关心的就是使用安全问题。如果选择有花有草的地方，在自然景物的烘托下（见图 5-14），背景能在一定程度上增加顾客对面膜的信任和好感。

图 5-14
以花草为拍摄环境的面膜效果图

2. 布置背景

室外拍摄可以直接借助现有的景物作背景。若是室内拍摄，就需要自己布置拍摄背景了。一般来说，拍摄面膜大多采用白色背景。当然，店主也可以根据个人喜好和商品特点选择背景的颜色，甚至还可以放置一些植物做装饰，这样就能制造出不一样的感觉。

比如，在图 5-15、图 5-16 中，这两张图片拍摄的都是面膜的外包装。虽然它们的背景布置不一样，但给人的感觉都很舒适。

在图 5-15 中，店主将面膜放置在桌面上进行拍摄，画面背景有白色的墙壁、木质桌面和一束鲜花，使得整个画面看起来简单大方，清新自然。这样的背景比较符合面膜自然的本质。

在图 5-16 中，店主选择不加任何修饰的纯白色背景，并在面膜前撒了一些绿豆做点缀。真实的绿豆与面膜包装袋上的绿豆相呼应，这是拍摄者的高明之处。这样的背景布置，瞬间使得整个画面有一种和谐、温馨的感觉。

图 5-15 用鲜花点缀面膜的背景

3. 准备器材

选择好了拍摄地点，布置好了背景，接下来就要准备拍摄器材了。一般来说，拍摄面膜，相机肯定是必不可少的，其次就是光源。

拍摄面膜时，如果采用的是自然光线，就要准备一块吸光布。面膜的外包装盒容易反光，可以用吸光布吸收反射到面膜上的多余光线，以避免反光而使包装

图 5-16 用绿豆点缀面膜的背景

盒上的字体看不清楚。

如果店主不采用自然光线，可以准备几盏照明灯。在布置拍摄场景时，店主需要注意照明灯的摆放位置。一般来说，拍摄物的前后左右都可以放置照明灯，但两盏照明灯与拍摄物最好不要在一条直线上，以免出现光线过强的现象，影响面膜拍摄效果。

当然，具体如何摆放照明灯，店主需要根据自己的拍摄要求去布置，只有这样才能达到自己想要的拍摄效果。

以上是场景布置准备工作，了解了这些后，就可以进行面膜的拍摄工作了。此外，要想让图片锦上添花，店主也可以在小道具上多花些心思，用一些小道具点缀和搭配，这样可以避免整个场景单调乏味，使商品展现出更多的活力。

5.2.2 选取拍摄角度

为了更好地展示面膜，可以从多角度对其进行拍摄。拍摄角度不同，被摄物展示出来的特点也会不一样。对顾客来说，在购买面膜时，他们首先是通过面膜外包装盒对这款面膜有一个初步的了解。其次，他们最关心的是面膜本身的材质与大小。在拍摄面膜时，店主一定要根据顾客这一购物心理，选取合适的拍摄角度，尽量将面膜完整地展示给消费者。

在具体拍摄过程中，可以选取哪几种拍摄角度呢？

1. 正面角度

从正面角度拍摄面膜时，需要将面膜包装盒的整体形象展现出来，以便顾客第一眼就知道这款面膜的名称与特点。

正面拍摄时，可以将面膜有序摆放，这样能够体现店主严谨与专业的态度，同时也能制造美感。当然，还可以适当地搭配一些装饰物，这样可以为图片增加几分美感。

比如在图 5-17 中，店主就是采取正面角度来拍摄面膜的。顾客看到这样的面膜图片，第一眼就知道面膜的名字与功效。

另外，在这张照片中，店主利用冰块做点缀，将其放在面膜包装袋的前方。两者相辅相成，使得整个画面看起来既和谐又美观。同时，顾客还能知道该面膜的主要功效就是补水。

图 5-17
正面角度拍摄面膜的效果图

2. 背面角度

从背面拍摄面膜，一定要将包装盒背面的文字说明展示出来，包括面膜成分、功能效果、生产日期、生产厂家及限用日期等，这样会让消费者更加放心地购买。

比如，在图 5-18 中，图片以白色为背景，用鲜艳的黄色花朵做点缀。顾客看到这样的图片，不仅从中可以看到面膜的相关介绍，还可以欣赏美丽的花朵，不失为一种很好的背面角度拍摄方法。

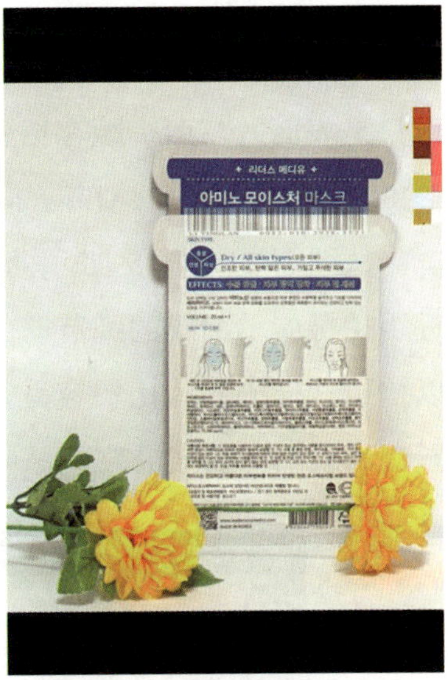

图 5-18 黄花点缀面膜

3. 侧面角度

从侧面角度拍摄面膜，能够让整个画面看起来更加灵活、生动。不过，这种拍摄角度难度较大，需要控制好镜头与拍摄物之间的距离，并调整好拍摄倾斜的角度，否则拍摄角度稍有变化，拍出的图片效果就完全不一样了。

另外，从侧面拍摄时，还要注意光线的控制，以免因反光导致面膜拍摄不够清晰。

比如，在图 5-19 中，店主就是从面膜包装盒的侧前方进行拍摄的。这种拍摄角度可以充分展现面膜包装盒棱角的魅力，使整张图片显得十分有立体感。此外，店主还搭配了一张面膜，这样面膜包装盒就不会显得很突兀。

图 5-20 与图 5-19 有异曲同工之妙，但似乎更胜一筹。画面不仅展示了面膜的包装盒，还展示出了面膜的包装袋，使整张图片看起来更丰富、更美观。

当然，也不能只拍摄面膜的外包装，还要拍摄面膜本身。面膜包装再精美，

图 5-19
侧面角度拍摄的面膜效果图

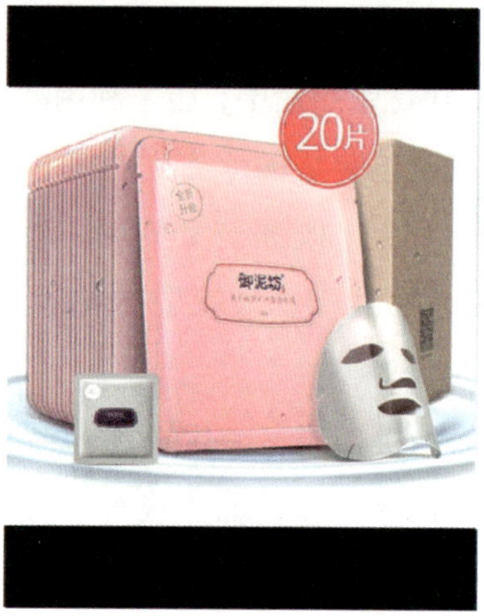

图 5-20
侧面角度拍摄的面膜效果图

也只是表面的东西，顾客更看重的是面膜本身。在拍摄面膜本身时，应采用近距拍摄，以凸显面膜的细节。同时，还要适当调整拍摄角度，以便拍出最佳的效果。

从图 5-21、图 5-22 中不难看出，拍摄中由模特用手将面膜适当拉伸，采用近距拍摄展示面膜的细节。由于人手比较灵活，可以将面膜拉伸成各种形状，所以拍摄这样的图片比较容易。拍摄时需要注意光线不能太弱，也不能太强，以免影响面膜细节的拍摄效果。

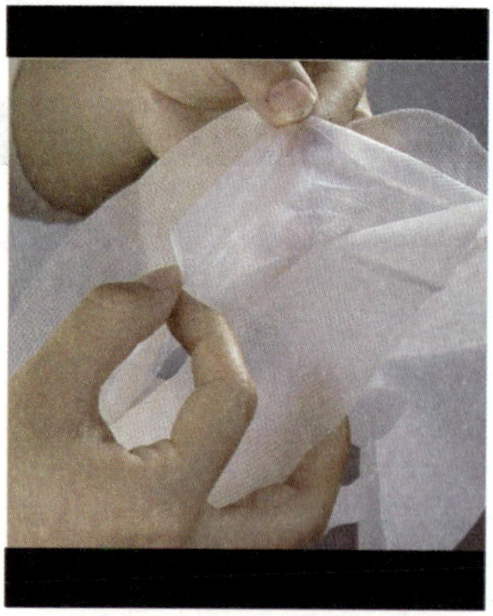

图 5-21 近距离拍摄面膜细节

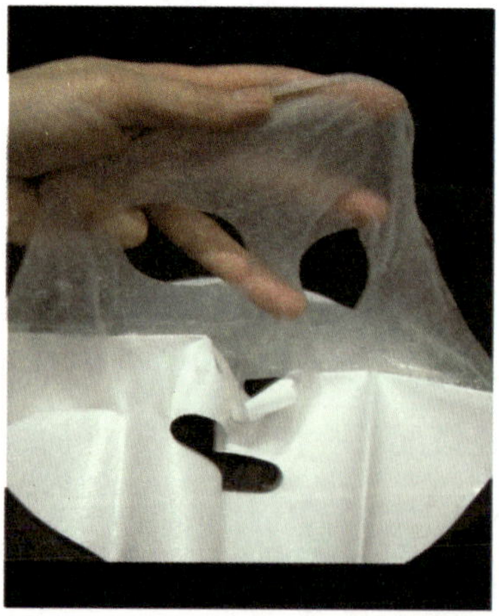

图 5-22 近距离拍摄面膜细节

以上是几种拍摄面膜的角度。掌握了这些技巧，在拍摄面膜时，就能根据自己的需求，灵活地把握拍摄器材，调整到最佳的拍摄角度，将面膜恰到好处地展示出来。

5.2.3 模特拍摄技巧

很多店主为了提升商品吸引力，会让真人模特敷上面膜，利用这种面部特写的拍摄方式来宣传商品。虽然这只是模特面部的拍摄，但要想拍出好的效果，也需要掌握一些拍摄技巧。

1. 选择面部皮肤好的模特

面膜的作用就是护肤，因此展示面膜的模特必须要有一个好的皮肤，这样才能取得顾客的信任。

如果模特面部皮肤问题太多，无形中会增加店主修图的工作量，降低店主的工作效率。

2. 聚焦模特面部细节

面膜拍摄不同于服装拍摄，服装拍摄需要展示服装的整体视觉效果，而面膜拍摄只需拍摄模特面部，以便向顾客展示面膜的细节部分。在拍摄时，一定要将重点聚焦在模特面部。

比如图 5-23，就是仅仅展示模特的面部。从照片中可以清晰地看到面膜的纹路以及形状大小，这样的图片更能打动顾客。

图 5-24 虽然也是聚焦面部的图片，但它与图 5-23 不同，图中的模特是闭着眼睛的，这样不但会给人一种十分享受的感觉，而且还能从侧面看出面膜的厚度和质感。

3. 不断变换模特姿势或拍摄角度

虽然面部是重点拍摄的模特部位，但也要让模特不断变换拍照姿势，这样才能让图片更有吸引力。否则即便不断变换背景，如果模特姿势始终保持不变，也会让顾客产生审美和视觉疲劳，而且照片千篇一律也会让人觉得毫无新意可言。

比如图 5-25 中，模特并没有摆出很复杂和高难度的姿势，只是摆出正面和侧面两个姿势。就是这种小小的差异，却给顾客带来不一样的视觉效果。

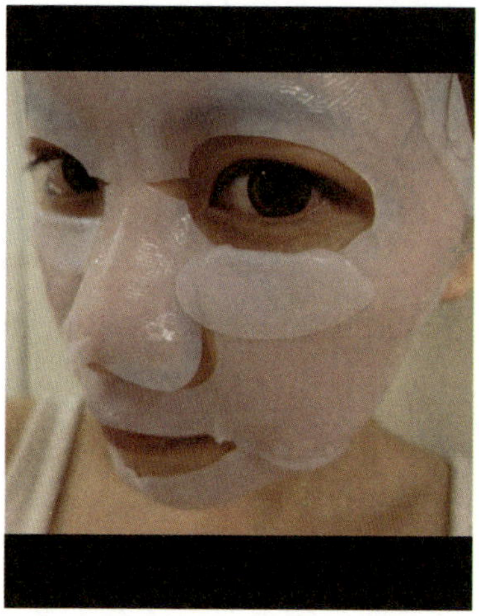

图 5-23 聚焦模特面部的面膜效果图

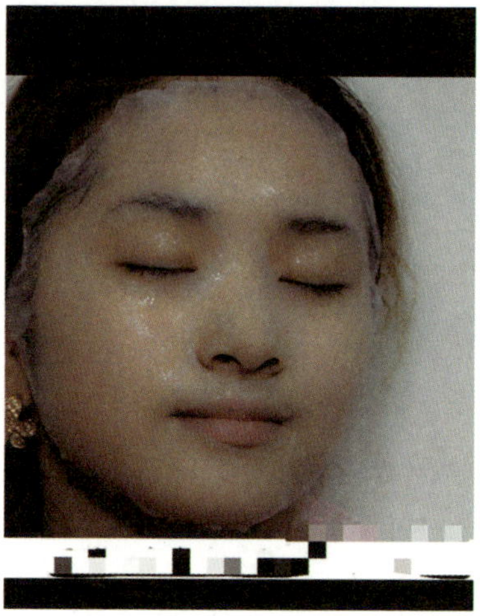

图 5-24 闭着眼睛的模特效果图

图 5-25 摆出正面和侧面姿势的模特

图 5-26 模特手拿面膜的面膜效果图

4. 分清主次

利用模特真人拍照的初衷是为了吸引消费者来购买面膜，因此主体是面膜，拍照时切不可不分主次。比如将重点聚焦在模特完美的身材或精致的五官上，这样的图片容易分散顾客的注意力，将目光仅仅放到模特身上，忽视了面膜的存在，这样拍摄出来的照片效果会大打折扣。

比如，在图 5-26 中，模特将面膜拿在手上。拍摄这样的图片时，店主就要格外注意，一定要区分主次，千万不要让模特本身分散顾客太多的注意力。

总之，店主用真人模特拍摄面膜时，若能很好地做到以上四点，那么拍摄出的照片便会很吸引人。

5.2.4 拍摄实例

在众多销售面膜的微店中，总有一些店铺面膜的销量比其他店好。如果店主足够细心，就不难发现，这些店铺之所以销量高，不仅是因为面膜本身质量好，还有很重要的一点，就是店主拍摄的照片足够吸引人，因此这些店铺才会如此受欢迎。

对于很多店主来说，由于没有亲自参与面膜的生产和加工过程，不能充分掌握面膜的质量与效果，因此选择面膜时，只能选择评价较高的面膜进行销售。在这种情况下，店主若想提高面膜的销量，就只能努力提升面膜图片的可视性了。

下面选取某款热销的面膜进行照片分析，用实例来讲解面膜的拍摄技巧。

在下面这组图片中，面膜图片包括了正面、侧面和背面三种拍摄角度（见图 5-27、图 5-28、图 5-29）。其中，背面图片不仅显示出了面膜的名字、功效、成分、生产厂家、限用日期、使用方法等信息，还特别布置了一个拍摄场景，利用绿叶和红花来衬托面膜的粉色包装袋，给人一种清新自然的感觉。

在图 5-30 中，模特展示的照片也别出心裁，拍摄者将男模特和女模特放在了一起，充分体现了这款面膜男女都适用的特点。画面中，男女模特都闭着双眼，

图 5-27 面膜正面图

5-28 面膜侧面图

仿佛陶醉在敷面膜的享受之中，可以充分体现出面膜的滋润与舒适。

图 5-31 展示的是面膜的细节，从中可以清晰地看到面膜的纹路。在后期制作中，店主还加上了“3 层膜技术”的字样，这样的面膜自然会激发顾客的好奇心，吸引顾客大胆购买。

从以上几组面膜图片中不难看出，这些面膜图片虽然没有高难度的拍摄技巧，但就是这样简单的拍摄，却让这款面膜广受顾客的喜爱，使该款面膜的销量暴涨。

图 5-29 面膜背面图

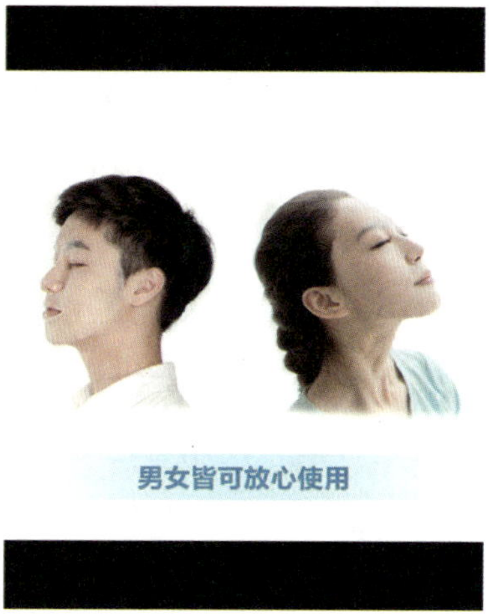

5-30 模特展示

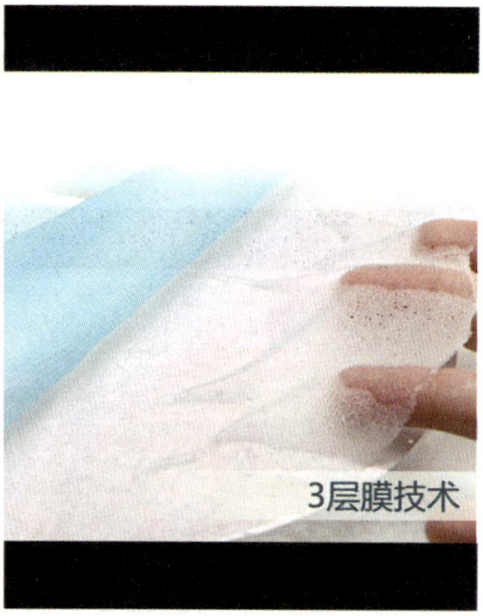

图 5-31 面膜的细节

5.3 如何拍摄食品类商品图片

俗话说：民以食为天。微店中自然也少不了食品类商品的身影。

浏览别人的微店时，我们也会有一种感觉，好的食品图片会让我们味蕾大开，垂涎欲滴；不好看的食品图片则让我们兴致全无。这里面其实就有个拍照技巧的问题。

如何给食品类商品拍照，才能吸引“吃货”的目光，继而抓住他们的心呢？

5.3.1 食品容器和背景的应用

随着生活水平的提高，人们对于食品的追求也越来越高——不再局限于对食品味道的追求，还对餐具、环境、服务等提出很高的要求。

给食品类商品拍摄照片也是一样的道理，如果只是单一地拍摄食品本身，往往很难拍摄出自己想要的效果。最好的办法就是将食品与其他物品搭配拍摄，营造出具有表现力的整体氛围。

1. 食品容器的选用

有的食品，比如肉脯、干果、糕点等，这些食品都可以盛放在容器中。那么

图 5-32 用容器盛放橡皮糖

图 5-33 袋装橡皮糖

图 5-34 应用背景的食品效果图

店主就要在容器上多下工夫，利用漂亮的容器，再加上精美的背景，让拍摄出来的图片赏心悦目。

比如图 5–32 和图 5–33，虽然都是同一款橡皮糖，但因为盛放的器具不一样，呈现出来的效果也就大不一样。在图 5–32 中，橡皮糖是用白色瓷质杯子盛放的，白色瓷杯恰到好处地衬托出橡皮糖的晶莹剔透。再加上后面一个小小的盆栽以及一个小玩偶，为整张图片增添了几分色彩，效果十分明显。

图 5–33 中，拍摄的是袋装橡皮糖，由于包装档次不高，拍摄出来的画面就显得有些凌乱，甚至看不清这款糖本身的质感和形状。

2. 拍摄背景的选用

拍摄食品时，如果能够找到一个好的背景，也能给食品本身增色不少。不过应用背景时，必须要根据食品的特点选择相应的背景，这样才能恰到好处地衬托食品。

比如，在图 5–34 中，整个画面看起来毫无违和感，红莓曲奇看似随意地堆放在桌面上，却丝毫不显得凌乱。满满一瓷杯的红莓干，再搭配与曲奇颜色相近的编织帘，以及帘下面的碎花桌布，与红莓干相互呼应的花瓣，在这样的背景衬托下，整张图片看起来一气呵成，美观大方。

当然，如果店主拍摄的是糕点类西餐食品，还可以使用一些高脚杯、餐叉等道具。总而言之，只要店主用心拍摄，精心布置背景，搭配好器具，就能拍摄出有质感的漂亮图片。

5.3.2 食品也可以整包拍摄

虽然店主可以用食品本身的形状、色泽与质感来吸引顾客，但有些食品的外包装也很吸引人。对于这样的食品，店主就可以带包装进行拍摄。

比如，在图 5-35 中，图片展示的是一款零食礼包。因为礼包本身包装很好看，所以店主选择将其好看的一面展现给消费者。最终不仅使礼包中的商品看起来更加规整、有序，而且也显得非常有档次。

图 5-35 拥有精美包装的食品

又比如，在图 5-36 中，图片显示的棒棒糖同样有十分好看的包装。这款食品若只是拍摄棒棒糖，则显示不出商品的个性特点。连同包装一起拍摄，效果就大不一样了。紫色的盒子，漂亮的蝴蝶结，无形之中为商品增添了几分浪漫气息，自然也就更容易获得女孩子的青睐。

图 5-36 棒棒糖

店主还可以将食品本身与其包装袋结合进行拍摄（见图 5-37），这也不失为一种巧妙的拍摄方法。这样的图片不仅可以让顾客看到里面的食品，还能看到食品的整体包装，让顾客更加放心地购买与食用。

图 5-37 食品拍摄效果图

需要注意的是，塑料包装袋反光能力很强，拍摄时必须调控好光线，以免因反光使食品的包装袋模糊不清。

不难看出，食品带包装拍摄的效果有时候是非常明显的，但要注意，并非所有的食品都适合带包装进行拍摄。比如肉类食品，完全可以靠食品本身来吸引顾客。若是带包装拍摄，反而达不到自己想要的那种效果。

5.3.3 注意突出食品本身的特点

对于食品店来说，食品的味道是最重要的。想要吸引顾客的眼球，图片必须突出食品本身的特点。食品本身的色泽与质感，远比好看的容器、精美的外包装更有说服力，这也是拍摄食品的重中之重。

一般来说，拍摄食品有两个要点：一是表现出食品的质感，比如松软的、润滑的、酥脆的、细腻的，等等；二是表现食品的新鲜、卫生、可口、漂亮，等等。若店主能做到这两点，相信拍摄出的食品一定会让人垂涎欲滴，食欲大振。

若想突出食品本身的特点，具体该如何做呢？

图 5-38 采用暖性光线拍摄的图片

1. 选择好光线

对于质地粗糙的食物，比如切开的糕点，光线应该柔和而有方向性；对于蔬菜水果这类形状不规则的食物，可以使用散射光；对于表面沾满油脂的肉类食品，可以采取偏向一侧的主光和有个性的副光相配合的光线。

拍摄食品时，大多都追求色彩的正常还原，所以应尽量采用自然光线。生活中，有些食品，比如煎炸类和烘烤类食品，可以采用暖性光线照明，金黄的色泽更能表现出食品的新鲜与香脆松软的质感。

比如，在图 5-38 中，店主采用了暖性光线，将甜甜圈蛋糕金黄的色泽完美地展现了出来，再配之一杯咖啡，俨然一副下午茶的场景，看后让人胃口大开。

图 5-39 蔬菜水果

2. 不同食品采用不同的拍摄方法

不管是水果，还是肉类食品，它们的品种都有很多。这些食品有各自的特点，并且不同的食品要采用不同的拍摄手法，只有这样，顾客才能通过图片清楚地知道该食品有哪些地方与众不同。

拍摄水果时（见图5-39），可以在水果表面涂上一层薄薄的油脂或蜡，然后再喷洒水雾，这样就能拍摄出晶莹剔透的水果了。蔬菜可以先在碱水中浸泡一下，这样更能显出蔬菜鲜绿的质感，同时也无损于商品本身的健康和营养。

如果店主拍摄的食品需要有那种热气腾腾的感觉（见图5-40），可以等待食品有热气时，找准时机按下快门，便可拍出想要的效果。

拍摄烹饪好的肉类食品时（见图5-41），可以在食品表面涂抹一层食用油，这样拍摄出来的照片会显得特别新鲜油亮。

以上是几种食物的拍摄技巧。总之，不管拍摄的是什么样的食品，都要事先了解它们的特点，然后再根据它们的特点来拍摄。只有这样，才能拍摄突出食品本身特点的图片，并以此来吸引消费者的购买。

图5-40 热气腾腾的炒菜图

图5-41 烹饪好的肉类食品

5.3.4 加入文化背景图片

有些食品类商品，比如茶和红酒，还有一些地方特色小吃，这些食品往往都有一定的文化背景。拍摄这类食品时，可考虑在背景中加入一些带有文化特色的元素，比如食品原产地的文化、风土人情等，这些背景常常能很好地吸引目标消费者。

比如，在图5-42中，图片展示的是一瓶干红葡萄酒。这种酒是由葡萄酿制而成，那么可以将这瓶酒的背景图片换成一个广阔的葡萄种植场，以便让顾客有一种置身于葡萄园的感觉。同时，这样的背景图片还能体现红酒原材料的绿色、新鲜、

图 5-42 红葡萄酒

图 5-43 内蒙古牛肉干

无公害，让顾客更加放心地购买。

又比如，在图 5-43 中，图片显示的是内蒙古的风干牛肉干。这张图片的背景是内蒙古大草原，在夕阳西沉的时候，一群牛儿低头吃草。图片中还有一段文字，简单介绍了一下牛肉干的制作工艺。

通过图片，顾客不仅可以了解牛肉干的背景文化，还能更加真实地显示商品来自于内蒙古这个产地，自然会迫不及待想要购买一袋牛肉干来品尝。

中华民族有五千年的历史，拥有浓厚的文化积累，饮食文化是其中的一部分。如果店主懂得加入一些文化背景图片，相信顾客是不会拒绝富有文化内涵的食品的。相反，有了这样的图片，反而更容易取得顾客的信任，受到顾客的喜爱。

5.4 图书类商品的拍摄

随着经济的飞速发展，人们对知识的需求越来越迫切。很多人选择从图书中吸取养分，开阔视野，增长才干，因此图书也成为微店常销的一个品类。

对于广大微店店主来说，要想让图书更吸引人，进而更好地服务读者，首先就要做好图书图片的拍摄工作。

5.4.1 图书摆放技巧

其实，图书的拍摄相对来说比较容易，因为图书的形态非常单一，不像服装类商品那样需要考虑挂拍、平铺拍摄，更不用像面膜类商品一样需要真人模特来拍摄。此外，由于图书是用来学习，或者净化心灵、陶冶情操的，因而在拍摄时，店主也无需用华丽的饰品去装饰，但为了不使图片太单调，店主需要掌握一些图书的摆放技巧。

1. 平铺

平铺即店主将图书平铺摆放（见图 5-44），直接拍摄图书的正面，不需要调整相机与图书的角度。虽然这样摆放显得有些中规中矩，但可以让顾客直观地看

图 5-44 平铺摆放的图书

图 5-45 侧放图书

图 5-46 侧放套装书

到这本书的完整封面，而且这样的图片展示很清晰。同时，这样还能体现店主专业与严谨的态度。

2. 侧放

为了让图片更有吸引力，同时体现创意和美感，很多店主会侧放图书进行拍摄（见图 5-45）。这样的图书摆放方式不仅可以让顾客看到书的封面内容，还可以看到书的厚度和书脊。同时，这样摆放图书还会使整个画面看起来有立体感。

当然，若店主拍摄的是一套书籍，采用这种方式摆放，展示效果更佳，只不过需要将书籍摆放得整齐一些，这样才不会显得呆板或者凌乱（见图 5-46）。

此外，由于大多数图书图片都是采用侧放的方式进行拍摄的，为了让消费者特别注意到你销售的图书，店主就要想办法搞一点小花样。

比如，在图 5-47 中，店主没有使用白色做背景，而是使用了带图案的背景。为了不影响图书的展示效果，将背景进行了虚化处理，并在图书旁边撒下一些碎裂的花瓣。这样的处理方式非常巧妙，花瓣正好呼应了该书的书名，以花瓣比女人，十分优美，也十分有味道。

总之，不管图书怎么摆放，最重要的就是调整拍摄角度。在调整好拍摄角度的同时，也不要忘记适当做一些点缀。具体如何点缀，则需要店主根据书名、封面来选择和决定，最好能配合图书本身的特点，营造出相应的意境，这样才能起到画龙点睛的效果。

5.4.2 童书类商品的拍摄要点

儿童读物与其他图书的拍摄方法有所不同。儿童读物虽然是给儿童看的，但都由家长负责购买，这就要求店主拍摄出来的童书照片大人、孩子都喜欢。要想达到这一目的，必须认真分析顾客的需求与喜好，投其所好才能提高销量。

拍摄童书时，店主需要注意哪些拍摄要点呢？

1. 童书封面拍摄

拍摄童书时，需要注意童书封面的拍摄，因为封面上有书名、作者与出版社名，顾客买书时，首先会看书的封面。家长只有对这本书有了大致的了解，才能进一步作出内容判断，判断这本书是否适合自己的孩子阅读，孩子会不会喜欢这本书，等等。

在拍摄封面时，可以适当布置一下拍摄背景。根据童书的特点选择合适的色彩做背景，这样会使图片看起来更加生动，富有童趣。

比如，在图 5-48 中，童书封面整体看起来色彩斑斓。为了突出童书，拍摄时采用了梦幻般的蓝色基调来烘托此书，这样的图片相信大人、孩子都会喜欢。

2. 童书目录拍摄

拍摄童书，除了要拍摄童书的封面之外，还要拍摄童书的目录。

一般来说，顾客可以通过目录大致了解全书的内容，从而更好地判断孩子是否喜欢这本书，是否需要购买这本书。在拍摄目录时，必须要将目录拍摄完整，文字也要清晰可见（见图 5-49）。

图 5-47 侧放图书

图 5-48 童书封面

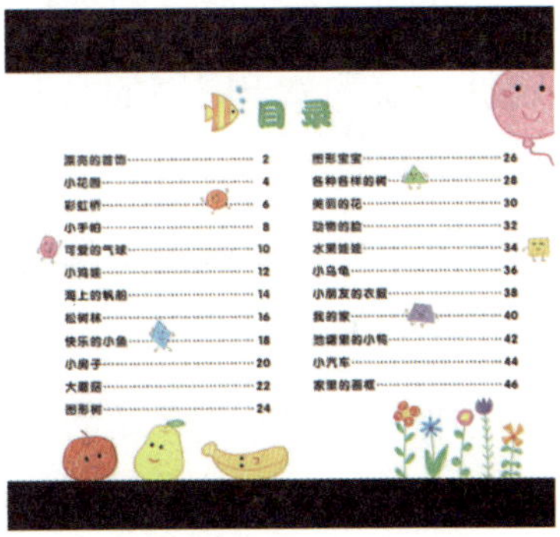

图 5-49 童书目录

3. 童书正文细节拍摄

除了封面和目录外，童书正文细节的拍摄也非常重要。

童书与其他图书不同，里面的内容主要由图片和文字组成，所以图片的质量、正文文字的质量家长也十分关注。顾客在购买书籍时，或许封面与目录还不足以让他们下定决心购买，如果店主能将童书的正文展示出来，顾客看到童书的正文后（见图 5-50），无疑就会多一些了解和信任。

拍摄正文需要注意的是，最好选择图画特别好看的那一页进行拍摄，或者选择文字内容比较有代表性的那一页拍摄。

图 5-50 童书正文

图 5-51 童书背面拍摄

4. 童书封底拍摄

在拍摄童书时，图书封底的拍摄也比较重要（见图 5-51），因为图书封底有定价，以及关于图书的内容介绍或者名人推荐。了解了定价，顾客才好判断店主给出的价格是否合理。只有当顾客确定童书是正品且价钱合理后，才会考虑是否购买这本书。有关图书的内容介绍或者名人推荐，无疑会增加顾客对商品的好感和信任程度。

以上是童书类商品的拍摄要点。注意了以上这四点，在拍摄童书时，就会知道自己需要拍摄哪些图片，如何拍摄这些图片，怎样将这些图片拍得更完美。理清思路后，就能根据自己的需求，拍出受顾客欢迎的童书图片了。

5.4.3 科普类图书怎样拍摄

科普类图书是向大众普及科学知识的一类图书，也是微店中较常销售的一种商品。在微店装修过程中，店主同样要注意这一类图书的拍摄工作。

在实际拍摄过程中，应该如何拍摄科普类图书呢？

1. 背景要简单

由于科普类图书是普及科学知识的图书，内容具有严谨性。因此在拍摄科普类图书时，背景要尽量简单，无须华丽的装饰进行点缀。一般来说，拍摄这类书籍可以使用白色的背景。

2. 拍好图书的封面

事实上，大多数图书封面本身就是经过专业设计的，所以相对美观，风格也不会有太大的出入。这样在拍照时，只需将图书的封面拍摄好就可以了。

3. 适当调整拍摄角度

在拍摄科普类图书时，可以适当调整一下拍摄角度，这样能够将画面拍出立体感，而且往往会拍出意想不到的效果。

比如，在图 5-52 中，虽然只是将图书微微倾斜了一个角度，但可以看出拍摄者的良苦用心——通过这种拍摄方式，利用封面反光，刻意拍出一些明亮的光束，这样正好与书名呼应，不禁让人想起了水的晶莹透亮，进而想要更多地了解

图 5-52 微侧书籍进行拍摄

图书的内容。

以上是科普类图书的拍摄技巧。掌握这些技巧后，在拍摄这类图书时，基本上就知道如何拍摄才更好看，更吸引人了。

当然，要想拍出高质量的图片，还需要在拍摄实践中不断去研究，不断总结经验。只有这样，拍出来的图片效果才会越来越好。

第6章

CHAPTER SIX

图片美容，让商品图片更炫更亮丽

相机或手机拍出来的商品图片可能会存在主体轮廓模糊、色阶平均等方面的瑕疵，所以大多数图片都需要经过后期处理，才能使图片画面变得更完美。

在处理商品图片的过程中，可以使用一些图片处理软件。这些图片处理软件不仅简单实用，而且功能非常强大，处理之后的图片效果会提升很大一个台阶，能使商品图片瞬间变得更炫、更亮丽。

6.1

用 Photoshop 修正图片效果

Photoshop 是修图软件中使用率最高的修图工具，同时还是帮助店主处理图片的修图高手。对于店主来说，只要掌握了 Photoshop 软件的基本操作方法，就能顺利完成图片的处理工作，从而制作出自己最想要的图片效果。

6.1.1 裁剪出最佳的图片角度和形状

相机拍摄出来的图片需要经过裁剪，才能得到良好的构图和合适的大小。如果店主对图片的拍摄角度和形状不满意，可以利用 Photoshop 软件，根据自己的需求，将图片裁剪出最佳的图片角度和形状，让图片变得更有魅力。

具体如何操作呢？

首先，打开 Photoshop 软件，进入 Photoshop 页面后（见图 6-1），打开待处理的图片。具体操作是点击“文件”下拉菜单中的“打开”，找到图片所在文件夹，点击文件夹中需要处理的图片，该图片的文件名就会显示在页面上。点击“打开”，图片就会显示在 Photoshop 页面上，这说明店主已成功添加图片（见图 6-2）。

然后将背景层转换为普通层，单击鼠标左键，点击“背景图层”。这时会弹出一个新建图层界面（见图 6-3），点击“确定”，背景层便可转换成普通层（见

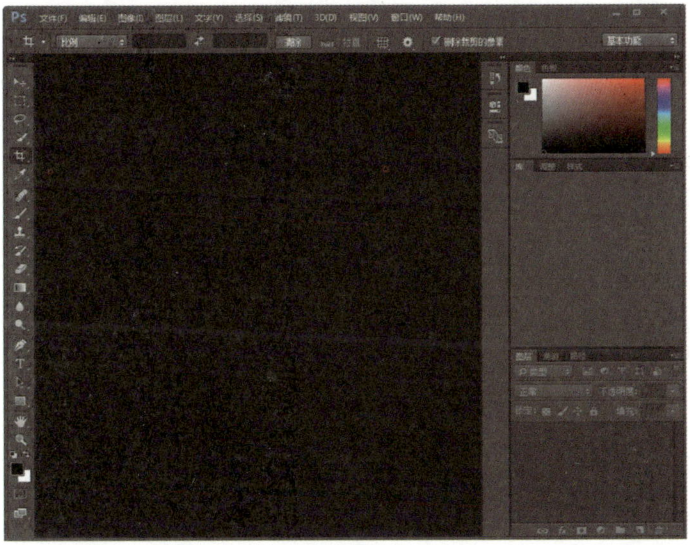

图 6-1 Photoshop 页面

图 6-2 图片已添加

图 6-4）。

接下来需要裁剪图片。如果只是进行一般的裁剪，可以直接从裁剪工具中选择所需工具进行裁剪；如果想要裁剪出最佳的图片角度和形状，需要从左边菜单栏中选择“圆角矩形工具”，里面有六种工具可供选择。想要选择更多形状的工具，可以选择“自定义形状工具”。

图 6-3 新建图层界面

图 6-4 背景层已转换成普通层

在自定义形状工具中，可以根据自己的需要从中选择一种形状，这里选择“心形”工具。选定“心形“工具后，在要裁剪的区域内画出形状（见图 6-5），图片上就会显示该形状。然后在右下角图层界面上点击填充选项，并向左拉动按钮，将“100%”变成“0%”。这时，心形裁剪选区就会由白色变成透明（见图 6-6）。

图 6–5 画出心形形状

图 6–6 心形裁剪选区由白色变成透明

要调整裁剪区域的角度和形状，可以点击“Ctrl+T”，选中裁剪区域（见图 6–7），并根据自己的需要，移动矩形选区的某一点，调整一下心形裁剪区域的大小。再旋转心形裁剪区域，将其调整到最佳角度（见图 6–8），点击“回车键”。

这时，心形裁剪区域就确定下来了（见图 6–9）。这时需要点击“Ctrl+ 回车键”，

图 6-7 选中裁剪区域

图 6-8 调整心形裁剪区域

再点击“Ctrl+Shift+I”，裁剪选区就会被反选（见图 6-10）。

然后选择原图片图层，并按“delete”键，便可删除多余选区，该图片完成裁剪（见图 6-11）。最后，点击工具栏中的“文件”，再点击“存储为”，将其保存就可以了。

图 6-9 确定心形裁剪区域

图 6-10 裁剪选区被反选

以上是使用 Photoshop 自由裁剪图片的基本流程。学会裁剪图片的操作后，可以根据自己的需要，将图片剪裁出最佳的角度和形状，增加图片对顾客的吸引力。

图 6-11 图片已裁剪为心形

图 6-12 添加图片

6.1.2 调整亮度和饱和度

如果相机拍出来的图片效果不佳，比如亮度不够，或者色彩不饱和，可以使用 Photoshop 软件调整图片的亮度和饱和度，这样调整出来的图片会变得更炫、更亮丽。具体如何操作呢？

1. 调整图片亮度

打开 Photoshop，在 Photoshop 页面中添加需要处理的图片（见图 6-12）。

因为要调整图片的亮度，所以需要点击 Photoshop 工具栏中的“图像”，选择“调整”，并点击“曲线”选项。这时会弹出色彩曲线面板（见图 6-13）。在这个曲线面板上，拉动曲线就可以调整图片的亮度。

一般来说，向上拉动曲线，图片会变亮；向下拉动曲线，图片会变暗。由于需要处理的图片一般比较暗，所以往往需要向上拉动曲线，这样才能使图片变亮。当图片调整到最佳亮度时，点击“确定”就可以了（见图 6-14）。

这时，图片整体的亮度就被提高了（见图 6-15）。如果对调整后的图片效果

图 6-13 曲线面板

图 6-14 点击“确定”

图 6-15 调整亮度后的图片效果

图 6-16 打开文件中需要处理的图片

比较满意，可以点击“文件”中的“存储”或“存储为”，将调整后的图片保存下来。

2. 调整图片饱和度

在 Photoshop 页面中，打开文件中需要处理的图片（见图 6-16）。由于要调整图片的饱和度，所以需要点击 Photoshop 工具栏中的“图像”，选择“调整”，并在“调整”选项中点击“色相 / 饱和度”。

这时会弹出“色相 / 饱和度”面板（见图 6-17）。在这个面板上，可以根据实际情况，在预设选项中选择默认值或自定义，这里选择“自定”。然后可以进行全图调整，也可以对图中某种颜色进行单独调整，或者两者兼有，这里选择“全图”。调整完图中的色相、饱和度、明度，然后点击右上角“确定”就可以了（见图 6-18）。

这时，就可以看到图片调整后的整体效果了（见图 6-19）。

以上是调整图片亮度和饱和度的基本操作。只要掌握了这些流程，就能有效解决图片不够明亮或颜色不够鲜艳的问题。除了“曲线”外，“色阶”也可以调整图片的亮度，大家可以根据自己的喜好去选择。

总之，学会这些操作后，就能将图片调整得更加漂亮，大大提高图片对顾客的吸引力，从而提高店铺的销售量。

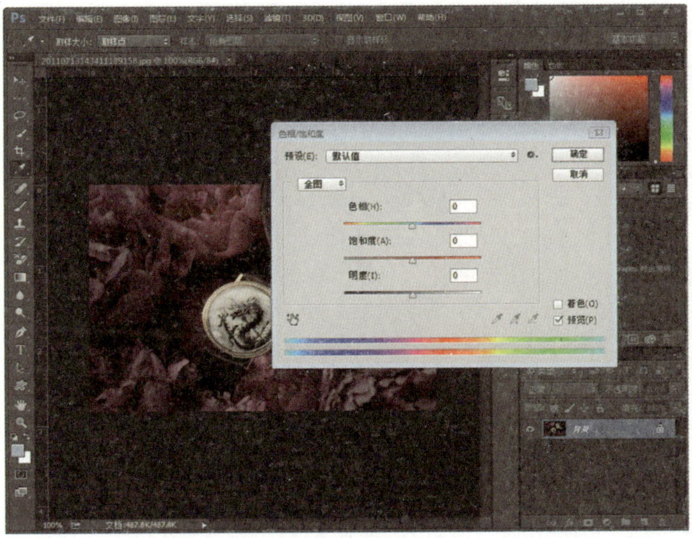

图 6-17 “色相 / 饱和度”面板

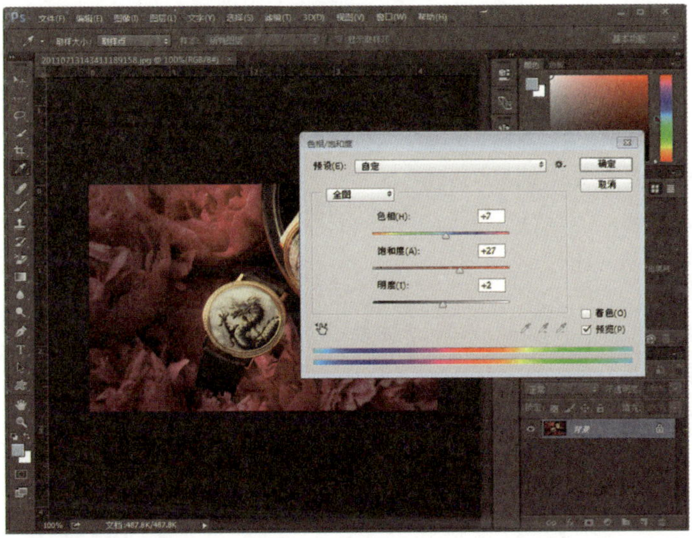

图 6-18 点击“确定”

6.1.3 锐化：使图片更清晰

在别人的微店中，常常可以看到有些图片非常清晰，色彩也很鲜明。但是在羡慕的同时，我们要知道这些图片其实都是经过锐化的，所以才有这样清晰的效果。

图 6-19 调整后的图片效果

在拍摄过程中，因为镜头抖动或其他原因，画面有时候会略显模糊，但为此放弃一张好的图片很可惜。这个时候，如果想要让图片变得更清晰，就可以使用 Photoshop 软件，对图片进行锐化，以加强图像中主体的边缘和轮廓，使灰暗反差增强，从而使图片变得更清晰。

实际操作过程中，具体该如何操作呢?

首先，在 Photoshop 页面中点击“文件”下拉菜单中的“打开”，添加文件夹中需要处理的图片。这时，该图片就会显示在 Photoshop 页面上（见图 6-20）。

因为要锐化图片，所以需要复制一个图层。点击 Photoshop 工具栏中的“图层”选项，找到并点击“复制图层”。这时会弹出一个复制图层的界面，点击“确定”（见图 6-21），就能在右下角图层界面中看到新增加的图层（见图 6-22）。

然后点击 Photoshop 工具栏中的“滤镜”功能，在“滤镜”选项中点击“锐化”（见图 6-23）。

在“锐化”选项中，有多种锐化选择，比如 USM 锐化、进一步锐化、锐化等。其中，“USM 锐化”可以将图像边缘两侧分别制作成一条明线或暗线，并调整边缘细节的对比度，使图像边缘轮廓锐化。“锐化”可以锐化图像的轮廓，使图像更加清晰，没有参数设置对话框。“进一步锐化”与“锐化”功能差不多，只是

图 6-20 添加图片

图 6-21 复制图层并点击“确定”

图 6-22 新增加的图层

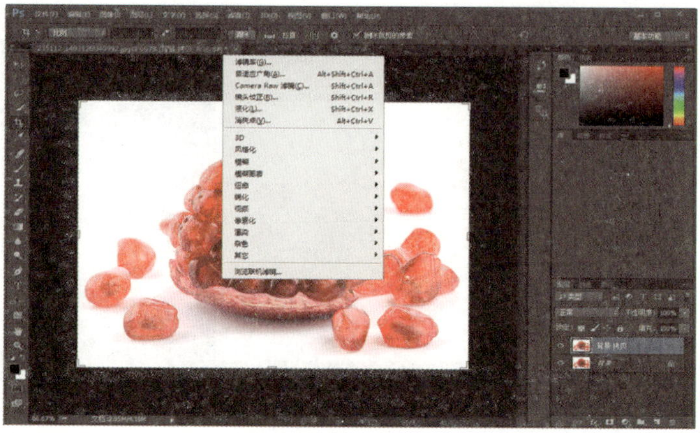

图 6-23 点击“锐化”

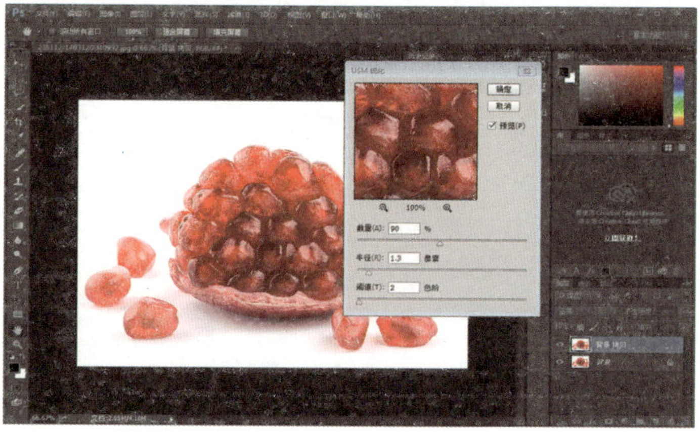

图 6-24 点击“确定”

图 6-25 图片锐化效果图

锐化效果更加强烈，也没有参数设置对话框。

“USM 锐化”有参数设置，其锐化出来的图像更符合大家的需求，所以这里选择“USM 锐化”。在“USM 锐化”界面中，需要选择锐化的参数，包括数量、半径、阀值三种参数。

其中，数量主要用于调节锐化图像的程度。该数值越大，锐化效果越明显。半径主要用于设置图像轮廓周围锐化的范围。该数值越大，锐化效果越明显。阀值主要用于设置锐化图像相邻像素必须达到的最低差值。一般来说，只有对比度差值高于此数值的像素，才会得到锐化处理。

输入完这些参数，点击“确定”就可以了（见图 6–24）。

这时，该图片就完成了锐化（见图 6–25）。然后点击“文件”中的“存储”或“存储为”，即可完成图片的保存。

以上是锐化图片的基本流程。学会这些操作，就能轻松搞定图片的锐化工作。当然，锐化的方法有很多，可以采用进一步锐化，也可以进行边缘锐化。不管店主选择何种锐化方式，目的都是提高图片像素的对比度，让图片看起来更清晰。

在锐化图片过程中，要注意一定不能过度锐化，以免起到相反的效果。

6.1.4 怎样利用工具抠图

在图片处理中，“抠图”是最常见的一种操作，具体来说就是将图片中需要的部分从画面中精确地提取出来，它是后续图像处理的重要基础。作为初学者，很多店主都认为抠图不好掌握，其实只要掌握了抠图的一些技巧，学会它也并不难。只要掌握了这个技巧，就能利用 Photoshop 完美地抠出图片。

怎样利用工具抠图呢？

首先，在 Photoshop 页面中，点击“文件”中的“打开”，添加文件夹中需要处理的图片，这时图片会显示在 Photoshop 页面上。因为需要抠出的是图中的盘子，盘子属于椭圆形，所以要想抠出盘子，可以右键单击左边工具栏中选框工具（见图 6–26），里面有多种选框工具，这里选择“椭圆选框工具”。

选择“椭圆选框工具”后，单击并按住鼠标左键，在页面中绘制出一个椭圆。然后单击鼠标右键，页面会出现一个选框，点击“变换选区”即可（见图 6–27）。

图 6-26 点击“选框工具”

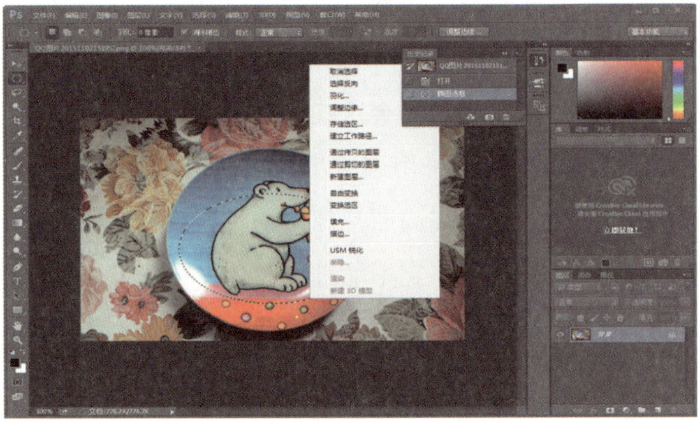

图 6-27 点击“变换选区”

图 6-28 四个控制点

这时椭圆形选区会出现四个控制点（见图 6–28），根据盘子的形状，调整一下四个控制点的位置，使其分别放置在盘子上，并使椭圆形选框与盘子的轮廓相吻合即可（见图 6–29）。

然后点击“回车键”，再点击“图层”中的“新建”，从“新建”选项中选择“通过拷贝的图层”。这时在右边图层界面上，就可以看到新增的图层了（见图 6–30）。

接下来，点击“背景”图层中的“指示图层可见性”，就能看到使用椭圆形工具的抠图效果了（见图 6–31）。

以上是使用 Photoshop 中的选框工具进行抠图的基本操作。实际上，抠图的

图 6–29 椭圆形选框与盘子轮廓吻合

图 6–30 新增图层

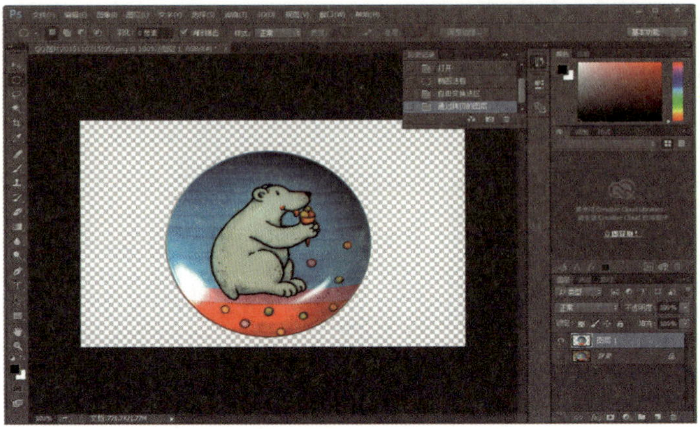

图 6-31 椭圆形工具抠图效果

方法有很多，至于选择何种抠图方法，还需要根据所抠物体的形状特点，选择合适的抠图工具。做到这些，抠图也就不难了。

6.2 用美图秀秀美化图片

美图秀秀是一款既好玩又有用的图片处理软件，它的功能比较齐全，操作极为简单，非常适合广大微店店主们使用。一旦操作熟练，美图秀秀就能成为店主不可缺少的修图帮手，让图片变美，变得更加吸引人。

6.2.1 图片的裁剪与缩放

对于店主来说，有时候拍摄出来的图片并不能直接使用，而是需要经过一番处理才行。用照相器材拍摄出来的图片，有些主体不够突出，有些尺寸又太大，在这种情况下，可以使用美图秀秀将图片裁剪或缩放，以便更好地使用这些图片。具体如何操作呢？

1. 图片裁剪

打开美图秀秀，在美图秀秀页面中，点击“美化图片”（见图 6-32）。进入手机相册页面，找到图片所在相册并点击它。在图片相册中（见图 6-33），点击需要裁剪的图片。

这时，图片就会显示在美化图片页面上（见图 6-34）。然后点击“编辑”，进入图片裁剪页面（见图 6-35）。

图 6-32 点击“美化图片”

图 6-33 图片相册

图 6-34 需要裁剪的图片

图 6-35 图片裁剪页面

裁剪图片之前，需要设置图片比例。一般来说，自由比例是美图系统默认的设置。店主可以自由设置图片比例进行裁剪，也可以选择现有的比例不变。

点击“比例”设置后，页面会出现一个小菜单，里面是各不相同的比例设置，可以根据自己的需求选择一种比例（见图 6-36）。

选中某个比例后，根据图片的大小，该比例会锁定图片，锁定的范围就是需要裁剪留下的图片。大家可以根据自己的需要移动裁剪范围。当图片裁剪范围确定后，点击右下角蓝色按键“确定裁剪”（见图 6-37）。

图 6-36 选择比例设置

图 6-37 点击“确定裁剪”

这时图片就裁剪好了（见图 6-38）。如果对裁剪的图片不满意，也可以点击左下角的“重置”按钮，这样图片就会恢复到裁剪前的样子。之后可以重新设置图片比例，再次进行裁剪，直到满意为止。如果对裁剪下来的图片比较满意时，可以点击右下角“√”，便完成了图片的裁剪工作（见图 6-39）。

2. 图片缩放

如果拍摄出来的图片尺寸大小不符合要求，也可以使用美图秀秀进行调整。不过由于手机版美图秀秀没有图片缩放功能，可以下载电脑版的美图秀秀。

图 6-38 图片已裁剪

图 6-39 裁剪完成后的图片

在电脑版上进行操作时，同样需要先打开美图秀秀，在美图秀秀页面中点击“美化图片”（见图 6-40）。

在美化页面中（见图 6-41），点击黄色按键“打开一张图片”，从文件夹中

图 6-40 点击“美化图片”

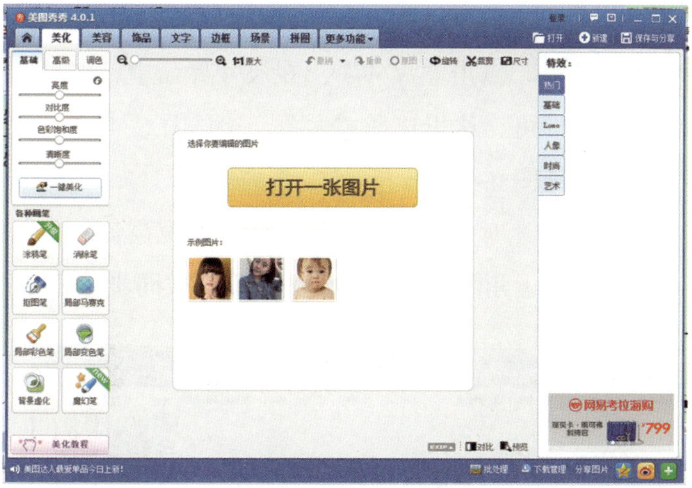

图 6-41 选择图片

图 6-42 打开图片

添加需要处理的图片。

这时图片就会显示在美化页面中（见图 6-42）。想要调整图片大小，可以点击右上角的“尺寸”。

这时弹出一个尺寸界面。在这个尺寸界面上，可以直接选择界面上的常用尺寸，也可以根据自己的需要修改图片的尺寸。

如果想要缩小图片，常用尺寸又没有需要的，可以在修改尺寸下面调整一下图片的宽度和高度（见图 6–43）。然后点击“应用”，图片就缩小了（见图 6–44）。

如果想要将图片放大，点击“尺寸”。在尺寸界面中，如果常用尺寸有店主需要的尺寸，直接点击即可，这里选择“大图”（见图 6–45）。随后，就能看到图片被放大的效果了（见图 6–46）。

另外，缩小或放大图片时，如果不想改变图片的宽高比例，可以根据自己的需要，移动美化页面中左上角的缩放按钮，图片就会被同步缩放（见图 6–47）。

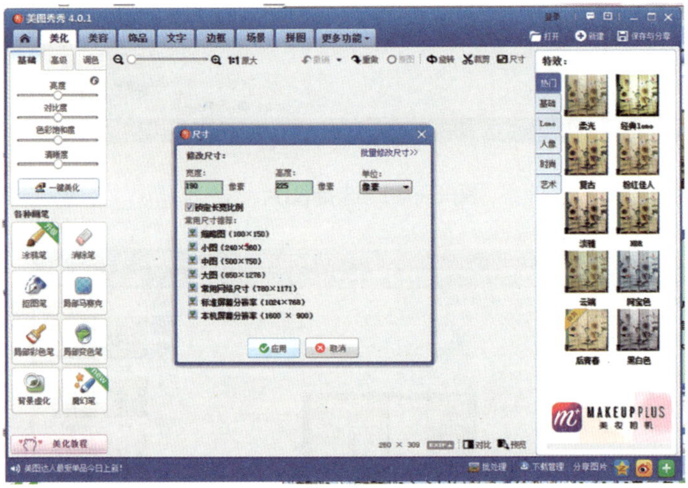

图 6–43 调整图片的宽度和高度

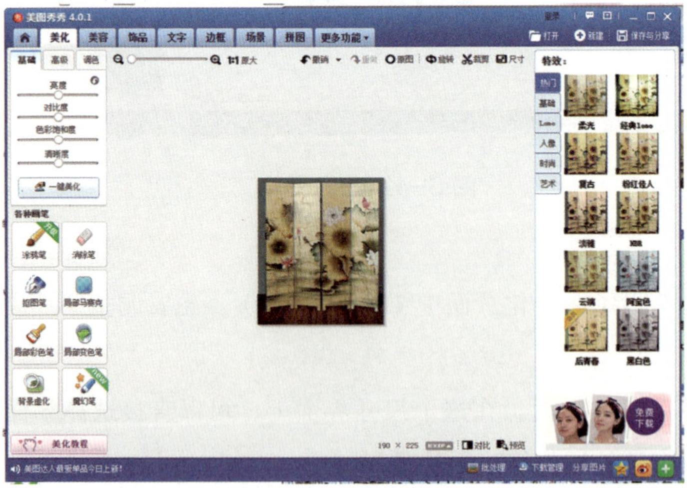

图 6–44 图片被缩小

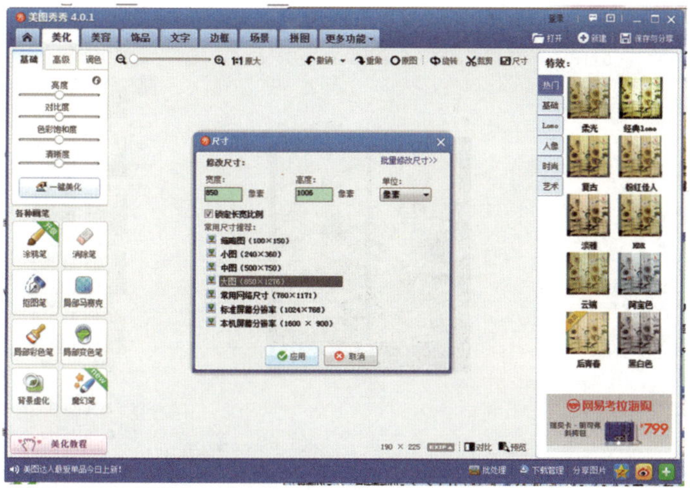

图 6-45 点击“大图”

图 6-46 图片被放大

以上就是裁剪与缩放图片的基本流程，操作比较简单，大家很容易就能学会。总之，要想美化图片，美图秀秀必不可少。使用它裁剪图片，不但可以突出商品的卖点，还能使图片变得更加美观。

6.2.2 商品图片的拼接组合

如果商品图片比较多，要想将其全部展示出来，可以利用美图秀秀将所有的商品图片进行拼接组合，这样顾客浏览商品会更加方便、快捷。一般来说，设计

图 6–47 缩放后的图片

商品详情页时，经常采用这种方式来展示商品。

在具体实践过程中，如何进行商品图片的拼接组合呢？

首先打开美图秀秀，在美图秀秀页面中点击“拼图”功能（见图 6–48）。然后在手机相册中找到并点击需要处理的图片所在的相册（见图 6–49）。

在该相册页面中，点击需要拼接的图片（见图 6–50）。选定商品图片后（见图 6–51），点击右下角蓝色按键“开始拼图”。

进入到拼图页面后（见图 6–52），点击“拼接”，这时商品图片就被自动拼接好了（见图 6–53）。如果不喜欢商品的拼接顺序，也可以对商品位置进行调整。然后再点击右上角“保存与分享”即可。

这时页面就会显示“已保存到相册”字样（见图 6–54），表示该拼图已成功保存到相册中了。如果想知道拼接后的图片效果，可以到手机相册中查看（见图 6–55）。

以上就是商品图片拼接组合的基本流程，操作非常简单。即使店主从未拼接过图片，掌握这些流程后，也一样可以轻松搞定商品图片的拼接组合。当店主学会商品图片的拼接组合后，就能将拼接的商品图片放置到店铺中，以便顾客对商品有个全面的了解。

图 6-48 点击“拼图”功能

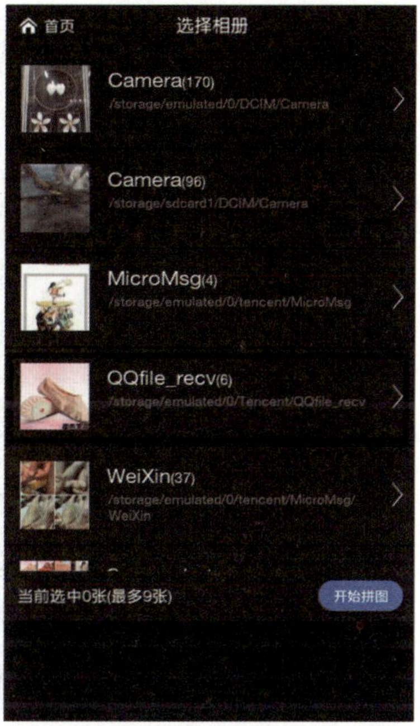

图 6-49 点击需要处理的图片所在相册

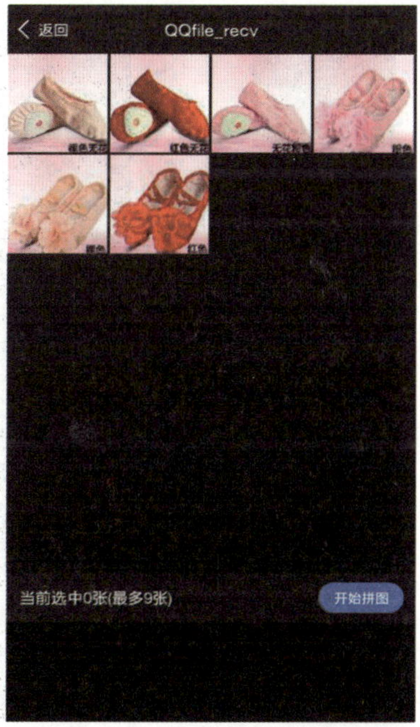

图 6-50 点击需要拼接的图片

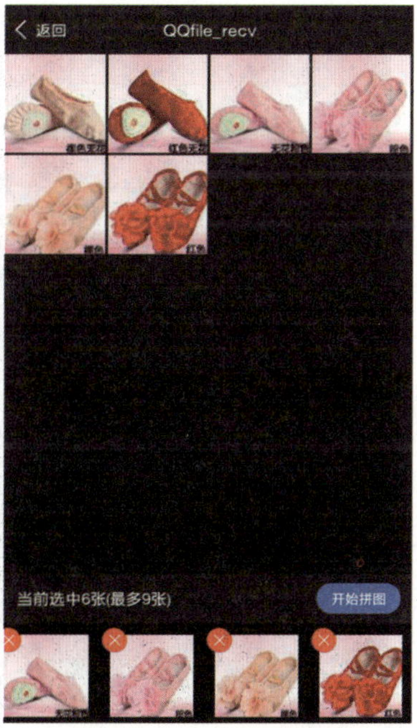

图 6-51 已选定的商品图片

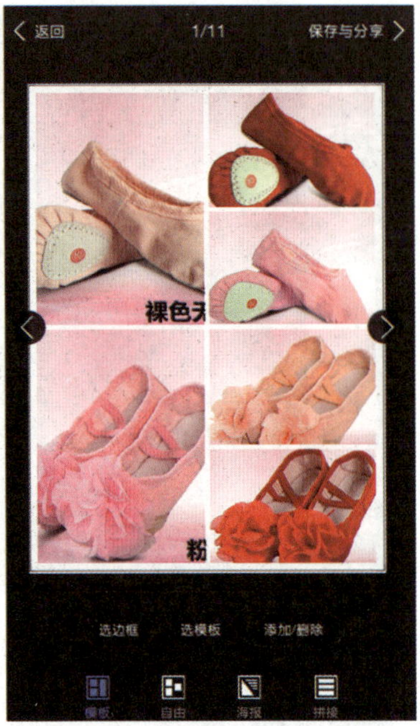

图 6-52 拼图页面图

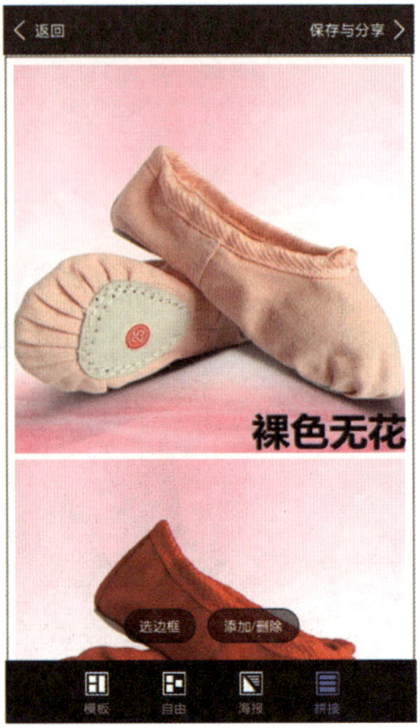

6-53 图片已拼接

图 6-54 已保存到相册

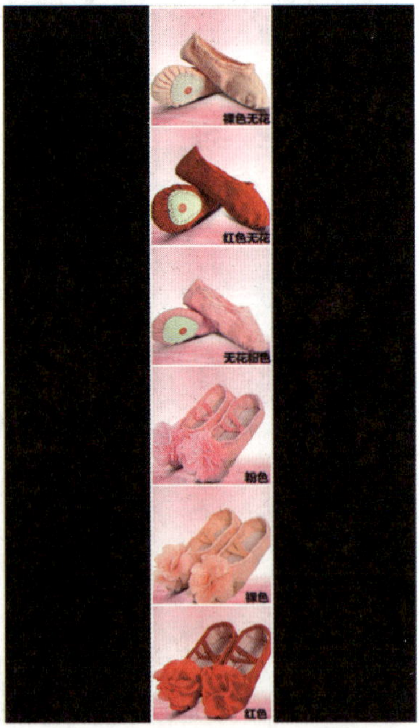

图 6-55 拼接后的图片效果

6.2.3 一键完成图片背景虚化

相机拍出来的图片都是实景，有时店主需要使用虚实结合的图片。要想达到这一效果，可以使用美图秀秀一键美化图片功能，使画面有虚有实，形成强烈的对比。这样不但能够较好地突出主体，表达主题，还能使图片变得更美。

在实际操作过程中，如何将图片一键美化，实现背景虚化效果呢？

打开美图秀秀，点击“美化图片”，从手机相册中找到并点击需要处理的图片，在美化页面中就能看到该图片。由于图片背景比较清晰，要想突出主体，就需要虚化背景，这时可以点击“背景虚化”（见图 6–56）。

图 6–56 点击“背景虚化”

在背景虚化页面中（见图 6–57），可以看到两种虚化背景的方式，分别是圆形虚化和直线虚化。如果店主选择圆形虚化方式，可以打开焦距形状，里面有五种焦距形状可供选择。

触摸手机屏幕时，在背景虚化页面中会显示一个光圈。如果光圈太小，可以将其放大，并移动到商品的聚焦点。锁定商品聚焦点后（见图 6–58），移动虚化范围，向左、向右都可以，可以根据自己的需要去选择。做完这些，就能看到虚化后的图片效果了（见图 6–59）。

如果选择“直线虚化”，调整好光圈的聚焦点后，可以向左或向右拉动虚化范围（见图 6–60）。松开手后，图片便完成了直线虚化（见图 6–61），然后点击右下角“√”即可。

图 6–57 背景虚化页面

图 6-58 锁定商品聚焦点

图 6-59 虚化后的图片效果

图 6-60 调整虚化范围

图 6-61 图片完成直线虚化

这时就能看到图片的虚化效果了（见图 6-62）。点击右上角“保存与分享”，即可完成图片的保存。

以上是图片背景虚化的基本流程，操作比较简单，很容易就能学会。虚化图片过程中，光圈大小可以调整，位置也是可以移动的，具体根据店主的需要去选择。

另外，虚化图片背景的目的是为了突出主体。实际拍摄过程中，如果背景没有选好，会影响图片的虚化效果。关于这一点，店主一定要多加注意。

6.2.4 特效为照片添加色彩

很多情况下，由于相机或光照的因素，图片或多或少都会欠缺一些美感或通透感。这个时候，要想将图片的意境完全展示出来，可以使用美图秀秀为图片添加特效，使图片拥有不一样的色彩，达到最终想要的效果。

如何使用美图秀秀为图片添加特效呢？

打开美图秀秀，点击“美化图片”。从手机相册中找到需要处理的图片并点击该图片，这时图片就会显示在美化图片页面中（见图 6-63）。因为要为图片添

图 6-62 图片虚化后的效果

图 6-63 美化图片页面

加特效，所以需要点击“特效”。

进入图片特效页面后（见图 6–64），可以看到四种图片特效，分别是 LOMO、美颜、格调和艺术。

如果你喜欢“LOMO”特效，可以直接在菜单栏中挑选一种合适的特效。这里选择“经典 LOMO”，点击它，这种效果就会显示在图片上（见图 6–65）。

图 6–64 图片特效页面

图 6–65 “LOMO”特效

如果选择“美颜”特效，也可以点击它，并从众多特效中挑选一种。这里由于图片整体比较昏暗，所以选择“柔光”。选择之后，图片就拥有了更柔和的效果（见图 6–66）。

如果喜欢“格调”特效，可以点击它，并从菜单栏中选择一种特效。这里选择“曲奇”，点击它，这种特效就会显示在图片上（见图 6–67）。

如果选择“艺术”特效，点击它后，从菜单栏中选择一种漂亮的特效，这里选择“飞雪”，图片就会显示该特效（见图 6–68）。

如果不喜欢菜单栏中显示的这几个特效，也可以点击“更多特效”（见图 6–69），里面有很多种素材，喜欢哪种素材或者需要哪种素材，就可以选择哪种，不过这

图 6-66 “美颜”特效

图 6-67 “格调”特效

图 6-68 “艺术”特效

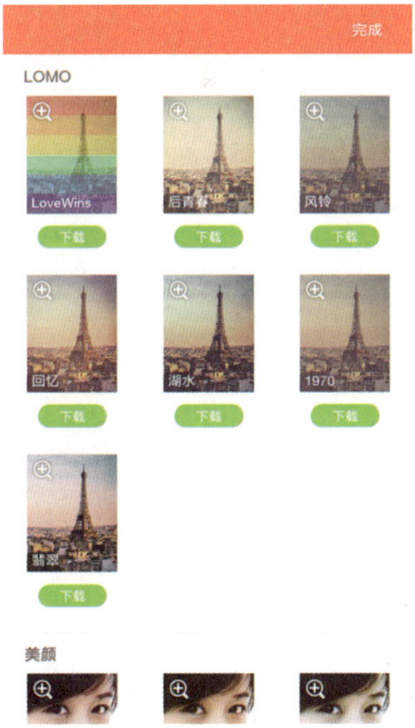

图 6-69 更多特效

些特效需要下载。下载成功后，该素材会显示在某特效菜单栏中，以后可以直接使用。

总之，在处理图片时，如果店主觉得图片还“缺点儿东西”，那么就可以尝试为图片添加特效，提升图片的美感，增加图片对顾客的吸引力。

6.3 用美图秀秀为人像照片美容

为了更好地宣传商品，为自己的商品代言，很多店主不是自己轻装上阵，就是重金聘请模特。但无论是自己还是模特，拍照成像后，画面都难免存在一些瑕疵。当拍摄设备将照片放大后，这些瑕疵更是一览无余，这自然会影响到图片的视觉效果。这个时候，可以使用美图秀秀为人像照片美容，使图片变得更加美观。

6.3.1 人像美容

在拍摄过程中，如果光线不好，或者模特皮肤本身存在问题，很容易导致模特面部暗沉，影响商品图片的质量。想要解决这个问题，可以使用美图秀秀中的“人像美容”功能，快速为模特进行美白。

实际操作中该如何操作呢？

在美图秀秀页面中，点击“人像美容”功能。进入手机相册页面后，找到图片所在相册，点击需要美化的图片（见图 6–70），这时图片便显示在页面中了（见图 6–71）。然后点击“磨皮美白”。

图 6-70 点击需要美化的图片

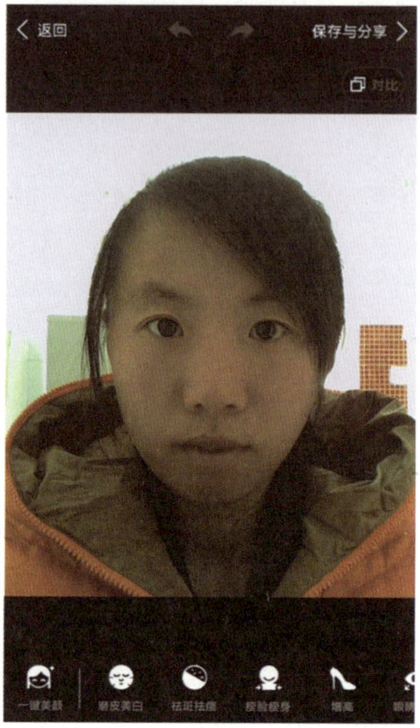

图 6-71 图片显示在页面中

在磨皮美白页面中（见图 6-72），可以对人像进行磨皮。磨皮完成后，可以点击“美白”，并适当调整一下美白的程度（见图 6-73）。最后点击“肤色”，对人像的肤色进行调整（见图 6-74）。做完这些，感觉效果满意，就可以点击右下角的“√”，完成对人像的美容处理（见图 6-75）。

除了美白外，如果觉得人像眼睛不够有神，可以点击“亮眼”功能。进入亮眼页面后（见图 6-76），可以选择“自动”或“手动”，对人像进行亮眼处理，这里选择的是“自动”。点击“自动”，再点击右下角的“√”（见图 6-77），便完成了对人像的亮眼处理工作（见图 6-78）。

另外，如果想节省时间和精力，也可以选择“一键美颜”。在一键美颜页面中（见图 6-79），可以在下面的菜单栏中任选一种处理人像的方式。如果人像不需要美白，那么选择“红润”，根据画面的需要，调整一下红润的程度（见图 6-80），以便让人像看起来更自然一些。然后点击右下角“√”，就完成了人像的美容（见图 6-81）。

与手动美肤相比，“一键美颜”的操作更简单，但它的美肤效果未必是最好的。

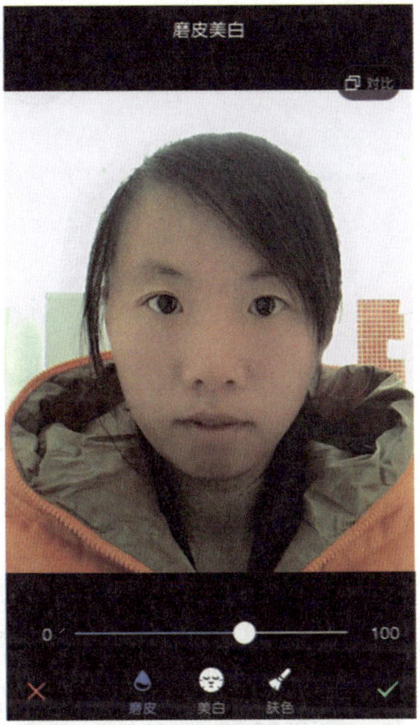

图 6-72 磨皮美白页面

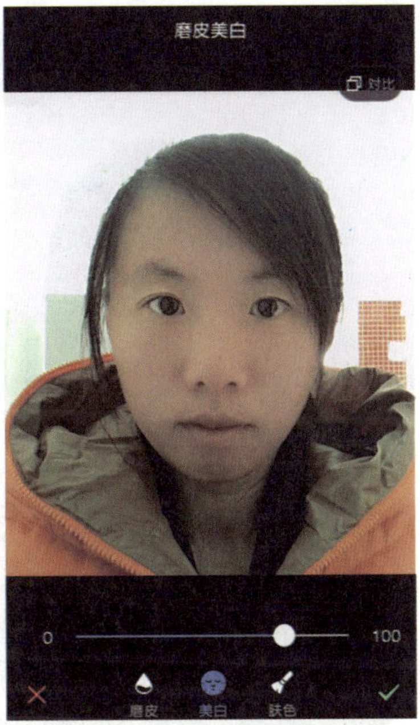

图 6-73 美白皮肤

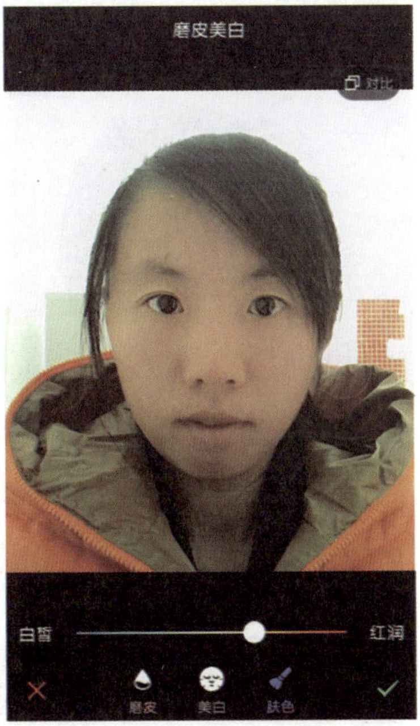

图 6-74 调整肤色

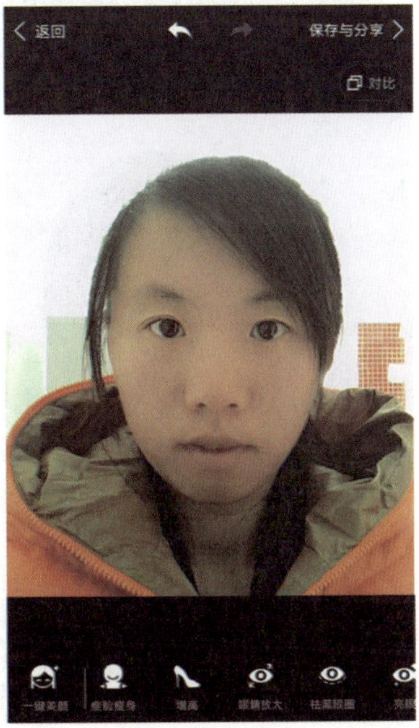

图 6-75 完成美容后的人像效果

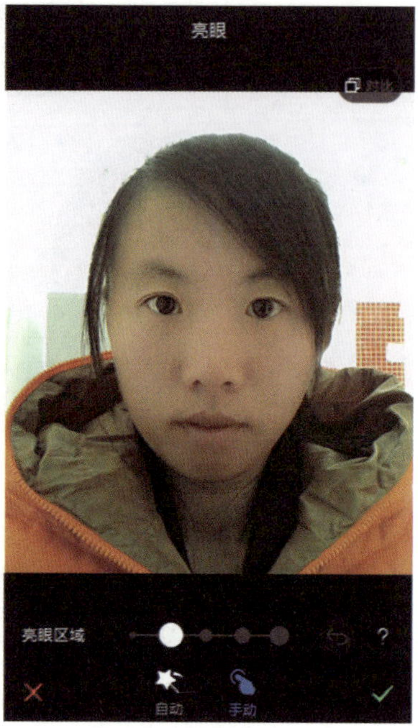

图 6-76　亮眼页面

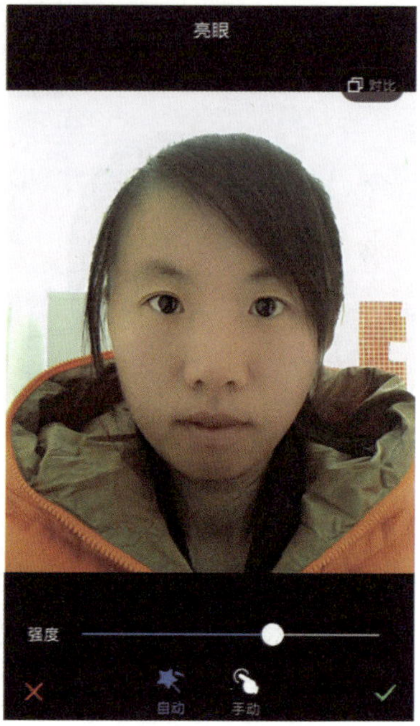

图6-77　点击右下角的“√”

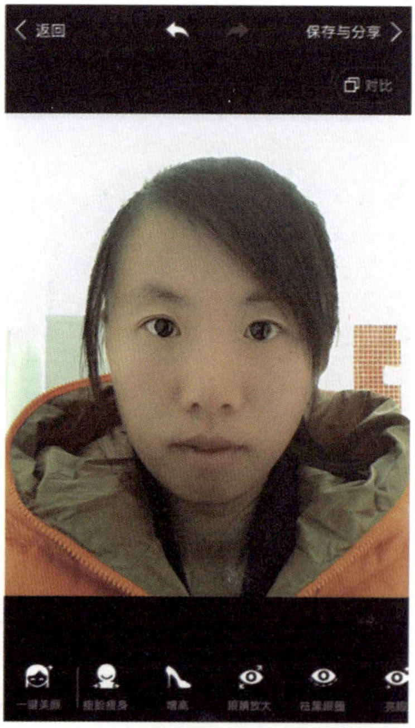

图 6-78　完成亮眼工作后的人像效果

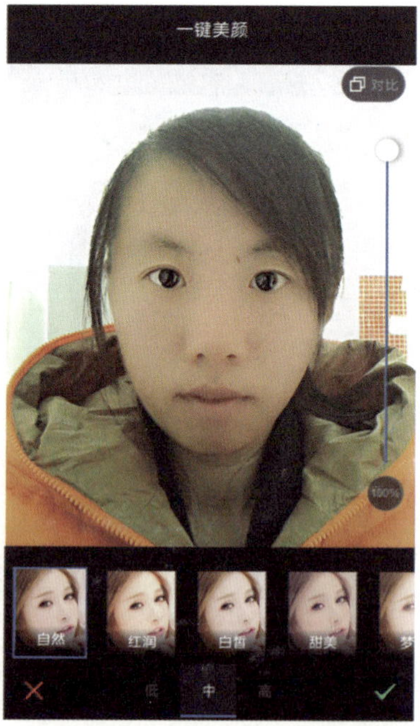

图 6-79　一键美颜页面

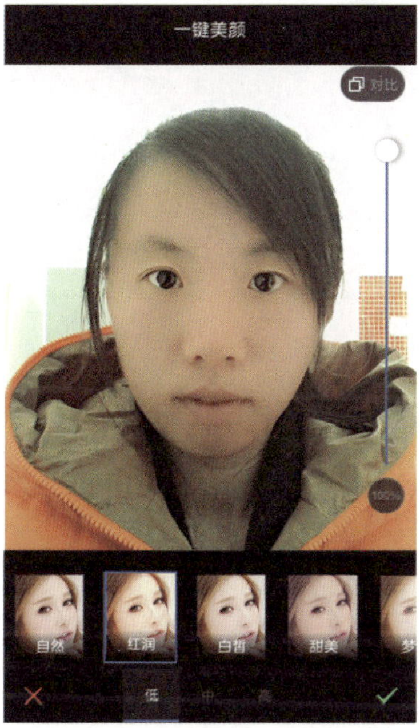

图 6-80 选择“红润”

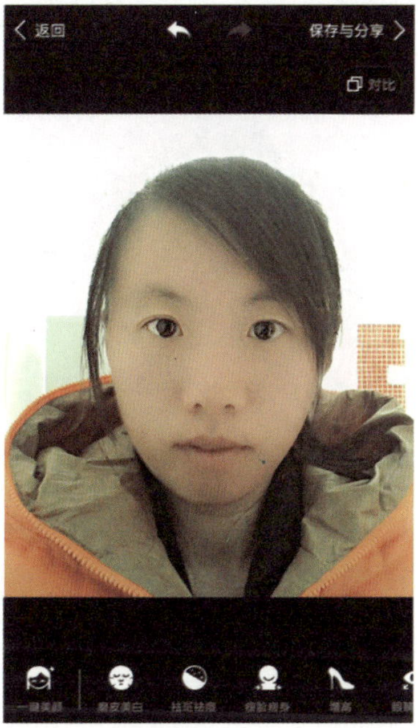

图 6-81 完成人像美容后的效果

在实际操作过程中，大家可以根据实际情况来选择。

另外需要注意的是，由于模特的皮肤问题各不相同，有些模特的脸部有斑点，有些模特的脸部有痘痘。对于这些问题，店主大可不必担心，只要使用美图秀秀中的“人像美容”功能，就能有效解决模特面部的皮肤问题，使模特变得更漂亮，图片也会变得更美观。

6.3.2 添加彩妆

不管是网店还是微店，可以看到很多模特照片都非常漂亮，可谓360度无死角。其实，这些漂亮女孩中，很多都是经过精心化妆才变得如此美丽动人的。

可以说，化妆是一门学问，也是一门艺术。通过化妆，能够修饰模特的面部缺陷，突出优点。对于店主来说，如果图片是自己处理，那么更要学会给人像化妆。这样即便哪天拍摄时模特没化妆，或者化妆效果不佳，店主也不必担心。使用美图秀秀中的“人像美容”功能，就能为人像添加彩妆。

具体如何操作呢？

首先，在美图秀秀页面中点击“人像美容”功能，添加需要美化的图片，然

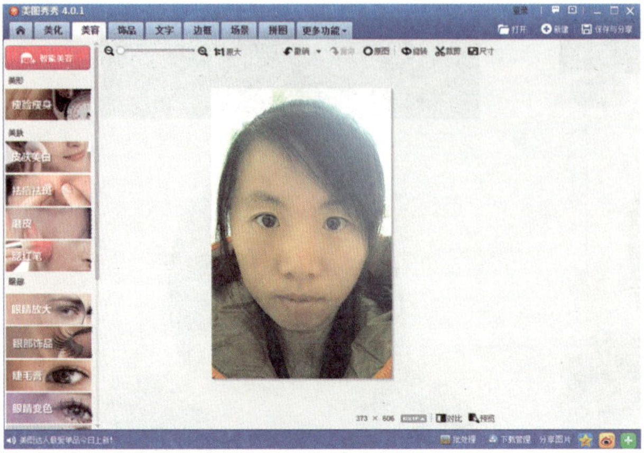

图 6-82 美容编辑页面

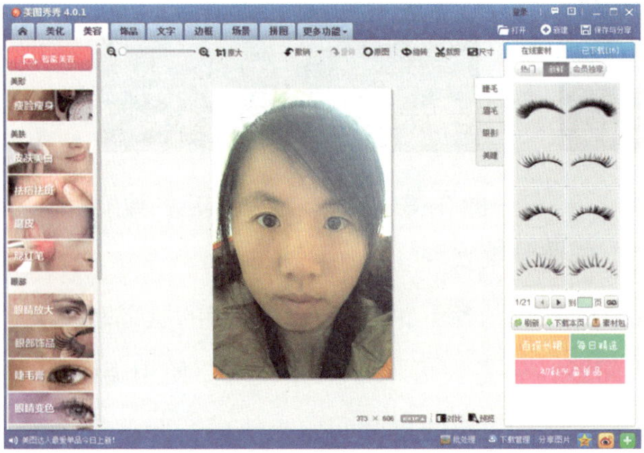

图 6-83 睫毛界面

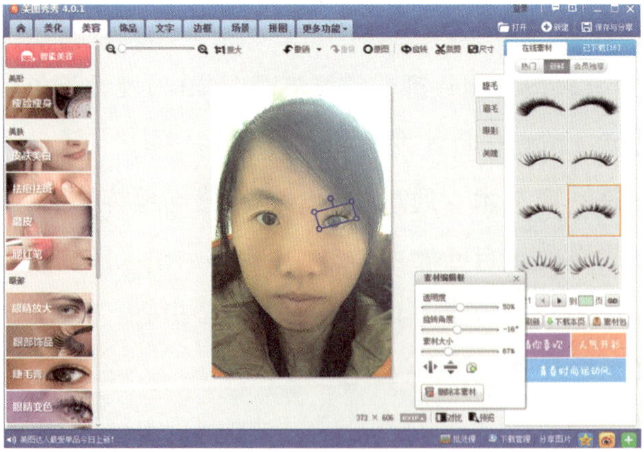

图 6-84 调整上睫毛

后图片就会显示在美容编辑页面中（见图 6-82）。由于模特面部比较白净，没有黑眼圈，所以直接给模特添加彩妆就可以了。

在眼部修饰区域，点击“眼部饰品”，这里有睫毛、眉毛等美容素材。首先需要为模特添加睫毛。在睫毛界面（见图 6-83），睫毛的款式有很多，店主可以从中选择一款。

选中睫毛后，为模特戴上睫毛，并根据模特的眼睛特点，调整一下上睫毛的透明度、旋转角度以及素材大小（见图 6-84）。当模特的双眼都带上睫毛后，还需要选择一款下睫毛（见图 6-85）。

选中下睫毛后，要为模特戴上下睫毛。与上睫毛一样，下睫毛也需要做出调整（见图 6-86）。为模特戴上一对下睫毛后（见图 6-87），模特就成功地戴上了睫毛。

添加完睫毛后，还可以为模特添加眉毛。点击“眉毛”，然后在眉毛界面上为模特挑选一款合适的眉毛（见图 6-88）。

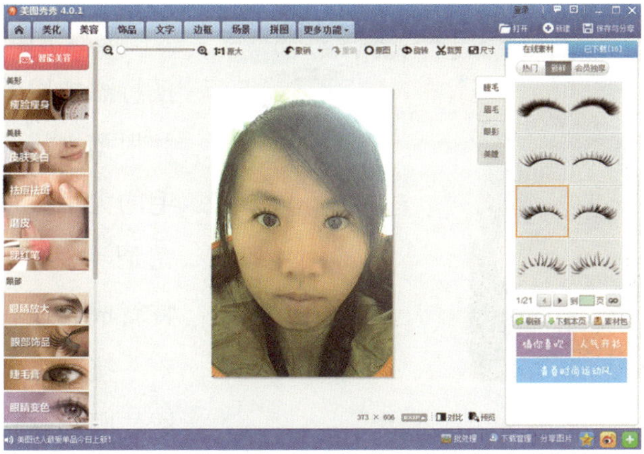

图 6-85 选择下睫毛

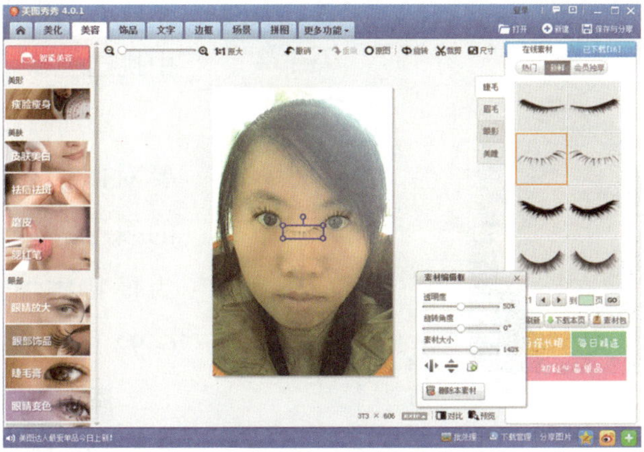

图 6-86 调整下睫毛

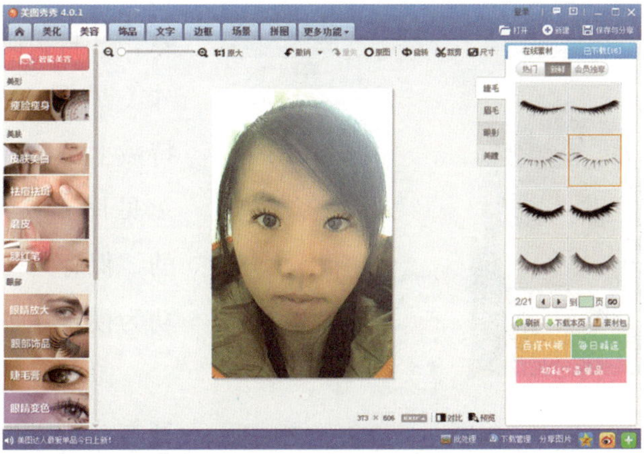

图 6-87 戴上下睫毛后的模特效果

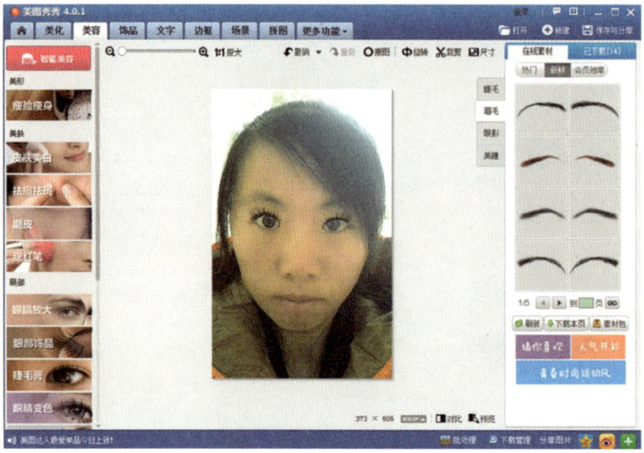

图 6–88 眉毛界面

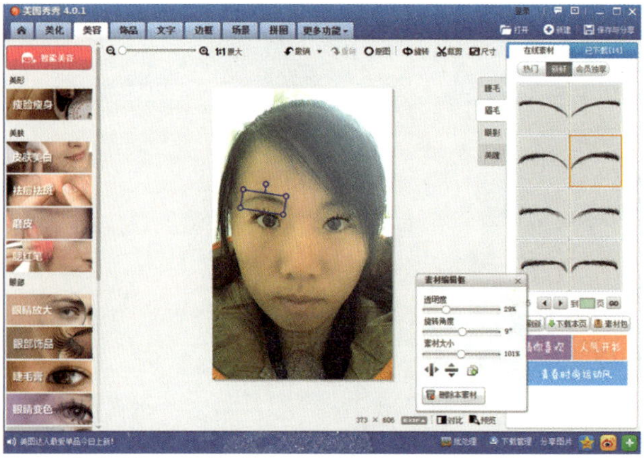

图 6–89 为模特添加眉毛

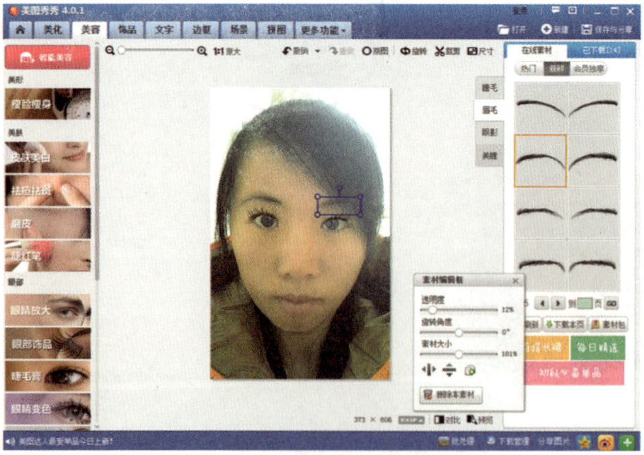

图 6–90 添加眉毛后的效果

选中眉毛后，可以直接为模特添加眉毛（见图 6–89），并根据模特的面部特点调整眉毛的大小、角度和位置。添加完眉毛后（见图 6–90），模特就成功地有了一幅新眉毛。

接下来需要为模特添加眼影。眼影款式有很多，颜色也各不相同，可以根据自己的喜好或者所拍摄商品的特征，从中挑选一款。

添加眼影时（见图 6–91），要对眼影做一些调整，眼影的颜色尽量不要太浓。这样就为模特添加上了眼影（见图 6–92）。

添加完眼影后，还可以为模特做美瞳处理。在美瞳界面上，可以从众多美瞳中选择一款，并将美瞳调整到合适的尺寸（见图 6–93），然后为模特戴上美瞳。模特带上美瞳后（见图 6–94），点击右上角的“保存与分享”，这时就成功为模特添加上了彩妆。

以上是为模特添加彩妆的基本流程，操作比较简单。实际操作中，为模特添加一个绝

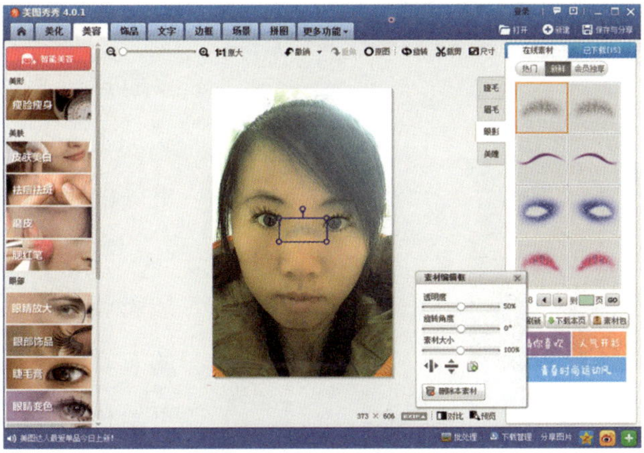

图 6-91　添加眼影

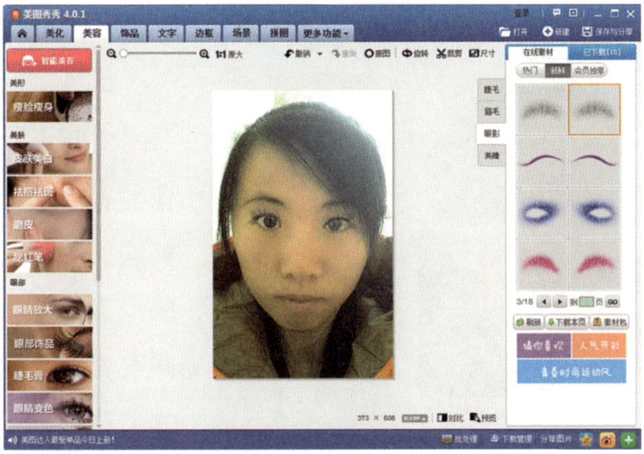

图 6-92　眼影已添加

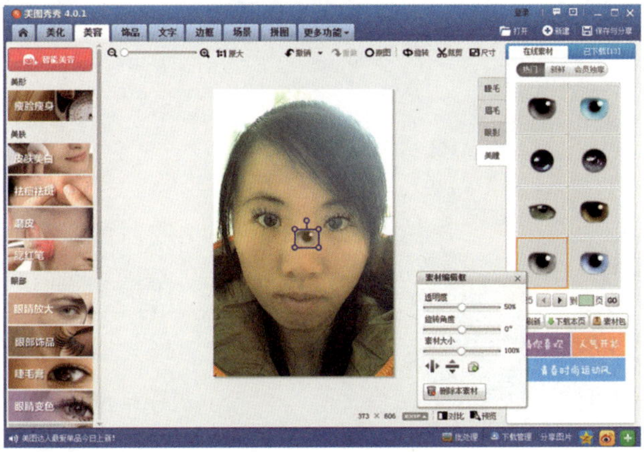

图 6-93　调整美瞳的尺寸

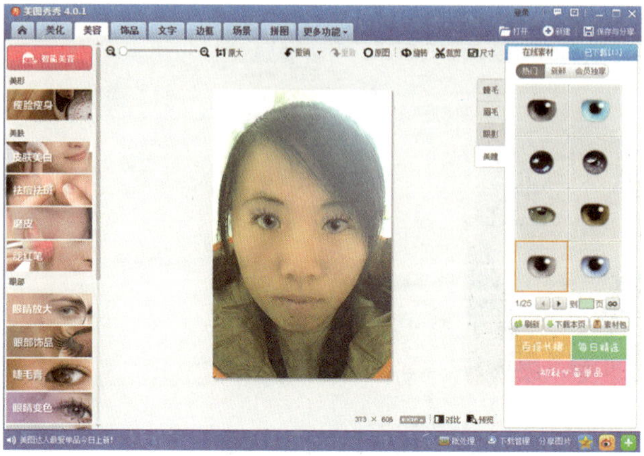

图 6-94 添加美瞳后的效果

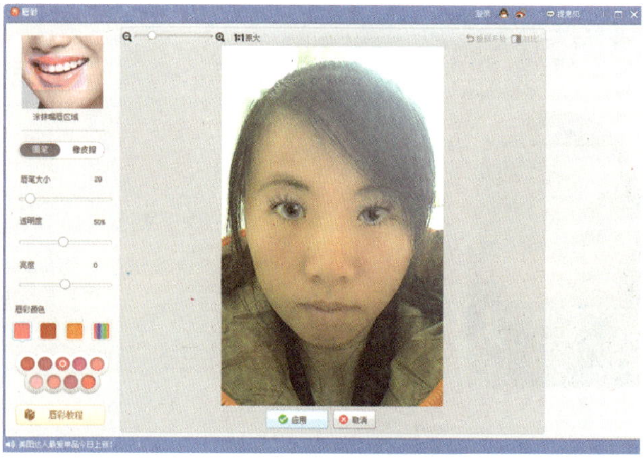

图 6-95 唇彩编辑页面

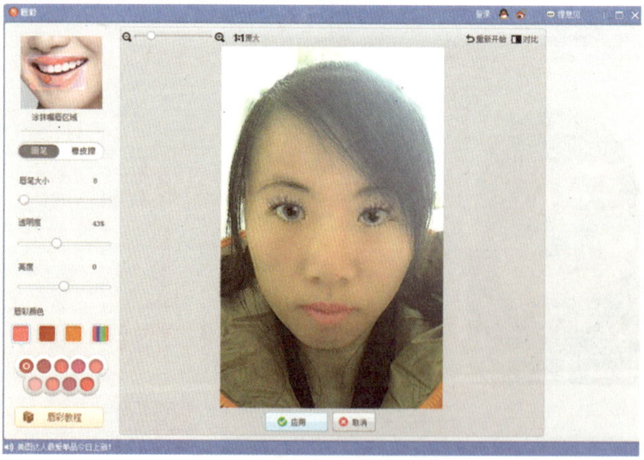

图 6-96 涂完唇彩后的效果

佳的妆容绝非易事，期间需要多番比较和选择，才能为模特添加上一个漂亮的彩妆，获得更好的画面效果。

需要提醒的是，为模特添加彩妆前，必须首先美化模特的五官以及细节。做好这些后，再给模特添加上想要的彩妆效果，这样才能保证整体的美容效果。

6.3.3 其他美容效果

实际上，美图秀秀的“人像美容”功能不仅可以给人像美肤，添加彩妆，还有其他一些美容效果，比如唇彩等。这些美容效果同样可以美化人像的某些局部细节，让人像变得更加光彩照人。

如何添加这些美容效果呢？

1. 唇彩

想让模特的妆容变得更精致，可以为其涂上一抹唇彩。在美容编辑页面中点击“唇彩”。进入唇彩编辑页面后（见图 6-95），首先可以根据模特的嘴唇厚度，调整一下唇笔的大小。

然后选择一个与模特肤色或者所售商品颜色相配的唇彩颜色，将其涂抹到模特的嘴唇上。如果有涂出嘴唇边缘的地方，可以使用“橡皮擦”将其擦除掉。为模特涂完唇彩后（见图 6–96），点击“应用”即可。

2. 染发

如果模特的发质不好，或者想换一种颜色，可以为模特染发。

在美容编辑页面中，点击“染发”，进入染发页面（见图 6–97）。在这个页面，可以先选择一个合适的头发颜色，再调整一下染发笔的大小，然后就可以为模特染发了。染发完成后，点击“应用”（见图 6–98），就完成了染发工作（见图 6–99）。

3. 腮红

在美容编辑页面中，点击“美容饰品”。这时右边会出现一个“在线素材”。在素材栏里有腮红和纹身。纹身这一美容效果不常用，店主可以为模特添加腮红，使模特的妆容

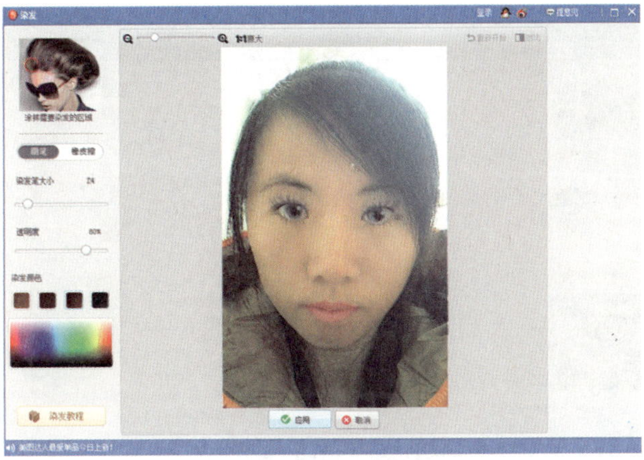

图 6–97 染发页面

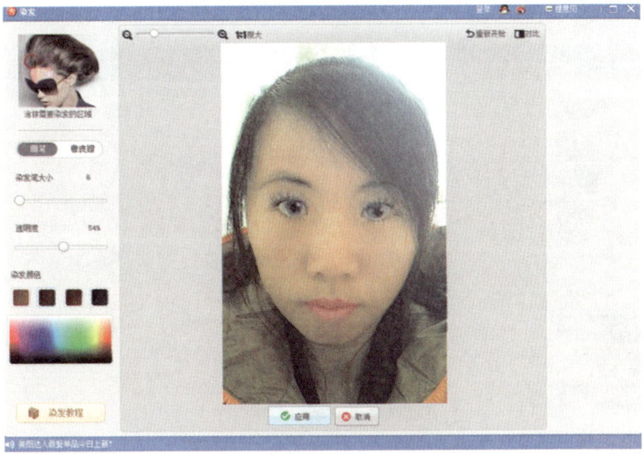

图 6–98 点击“应用”

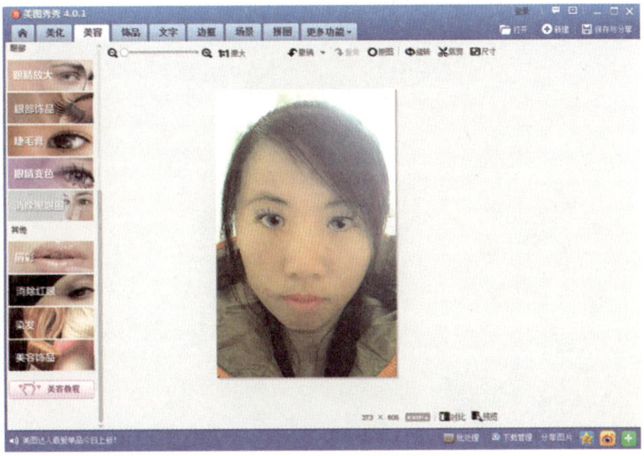

图 6–99 模特染发后的效果

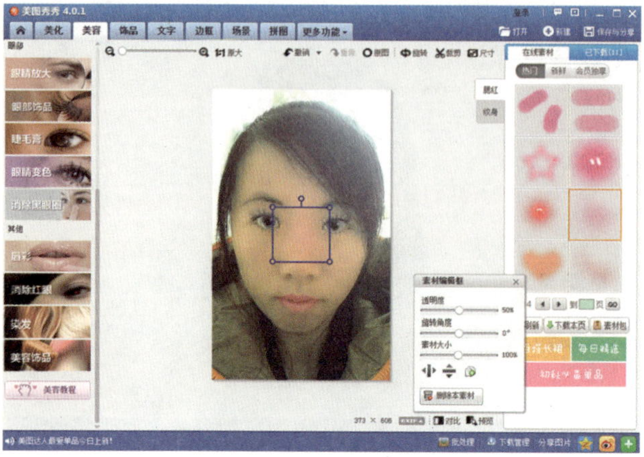

图 6-100 调整腮红

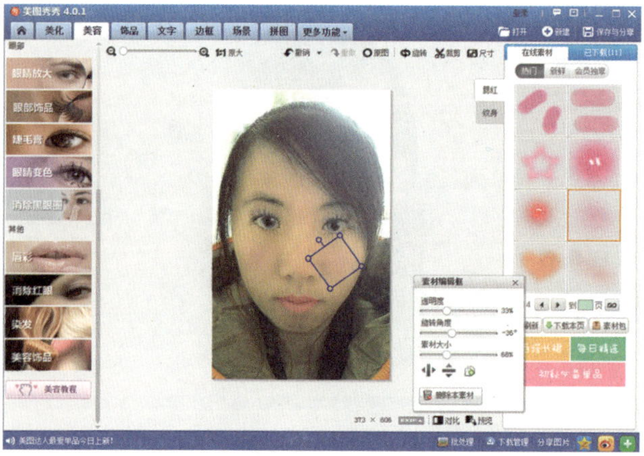

图 6-101 添加腮红后的效果

更自然、美丽。

首先，需要为模特选择一个合适的腮红。腮红选定后，根据模特面部大小，对腮红进行调整（见图 6-100），并将其放在模特面部合适的位置。然后还需要根据模特的肤色，适当调整一下腮红的透明度，使模特的妆容看起来更自然一些。做完这些后，就为模特添加上了腮红（见图 6-101）。

除了以上几种美容效果外，“人像美容”还有其他美容效果，比如消除红眼等。总之，为模特添加美容效果，是为了让模特看起来更漂亮，更吸引人。在具体操作中，店主可以根据自己的需要选择不同的美容效果。

6.4 微店促销广告图的创意处理

在微店经营中，促销广告图经常会用到。很多人觉得促销广告图只要把信息传递出去就行了，不用在意美观不美观。实际上并非如此。任何图片都是一样，如果不美观、不吸引人，就不会让顾客产生继续浏览下去的兴趣。

店主可以在制作完促销广告图之后，对其进行设计和必要的创意处理，以达到通过图片吸引消费者同时促销的目的。

6.4.1 促销广告图设计流程

对于微店来说，促销广告图的作用不言而喻。它通常含有通知性，告诉顾客店铺正在进行促销活动，以吸引顾客下单购买。

促销广告图的设计很重要。在设计时，主体要明确显眼，一目了然，用最简洁的语句表达最丰富的含义。同时，图文布局要美观，这也是吸引顾客眼球的好方法。

在具体操作时，促销广告图的设计流程是怎样的呢（见表 6–1）？

表 6-1 促销广告图设计流程

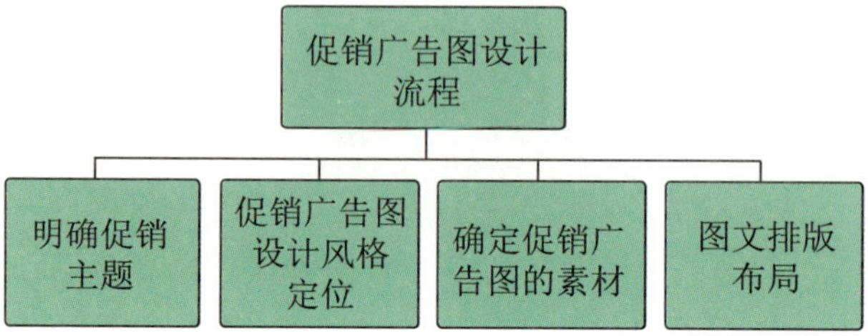

1. 明确促销主题

设计促销广告图之前，首先要明确促销主题。

一般来说，促销主题大致可以分为开业促销活动、节庆促销活动、日常性促销活动和竞争性促销活动。其中开业促销活动是最重要的，因为只有一次。开业促销活动是否成功，对店铺日后的客流量有很大的影响，所以店主要特别重视。

节庆促销活动，是指根据节日的特点开展的促销活动，比如妇女节、春节等。这些促销活动不但可以增加节日的气氛，还可以促进顾客购买的欲望。

日常性促销是指店铺根据经营需要开展的常规性促销活动，其目的是吸引新顾客，提高老顾客的购买量。

竞争性促销活动是指为了争夺顾客，更好地参与市场竞争而开展的促销活动，目的是争夺顾客。

实际上，店铺每次开展促销活动都需要有一个主题，主题是整个促销活动的灵魂。同时，一个好的主题也可以给顾客一个购买的理由。

促销主题必须与促销需求相吻合，并用简洁、新颖、亲和力强的语言来表达，在塑造品牌的基础上，做到易传播、易识别、冲击力强。

总之，主题不同，促销活动内容也是有很大区别的。只有明确了促销广告图的促销主题，才能通过促销广告图将想要表达的信息正确传达给顾客，让顾客知道此次促销活动的主题内容、促销方式和方法、活动起止时间等，以便顾客根据自己的需要进行购物。

2. 促销广告图设计风格定位

明确促销主题后，需要根据促销主题特点，对促销广告图的设计风格进行定位。

一般来说，店铺的促销广告图设计风格都要与店铺风格保持一致。特殊节日的促销活动，也可以根据节日的特点设计促销广告图的风格，或者根据目标人群的喜好去设计也未尝不可。

具体如何做，店主可以根据实际情况来确定，比如想要给顾客传达什么样的信息，或者突出一个什么样的主题等。将各种因素进行综合考虑，再确定促销广告图的设计风格，也是一个很好的选择。

3. 确定促销广告图素材

明确促销主题和促销广告图的设计风格后，还需要确定促销广告图的素材。也就是说，在这个促销广告图上，我们需要哪些素材，比如广告图的背景、广告语、字体颜色，等等，这些都是需要店主明确的。

只有这些都明确了，店主才能有的放矢地进行下面的流程。

4. 图文排版布局

确定了促销广告图素材之后，接下来就需要进行图文的排版布局。

对于这部分工作，店主需要考虑的是，这些广告图的素材如何布局才更合理，才能设计出一个完美的促销广告图。

要想做到这一点，必须保证图文比例合理，图片清晰，文字大小适中，文字简洁却能一语中的，等等。只有这样，促销广告图才有可能吸引顾客的眼球，激发顾客的购买欲望，从而达到促销的目的。

促销广告图是一种重要的信息传递方式，它的设计必须要有号召力与艺术感染力。店主要想吸引目标顾客购买，必须调动构图、色彩等因素，形成一种强烈的视觉效果。

另外，促销广告图还要新颖，具有独特的设计风格和特点。只有这样，才能使人一目了然，看后心动不已。

6.4.2 广告图背景设计

有些促销广告图看起来非常舒服，其实这里面背景图的功劳不可小觑。一个好的背景，不仅能增加图片的美感，还能奠定图片的基调，对主体起到陪衬的作用。相反，如果一张图的背景没有选好，就会直接影响图片的美观。

制作广告图时，店主该如何设计背景呢（见表 6-2）？

表 6-2 广告背景设计

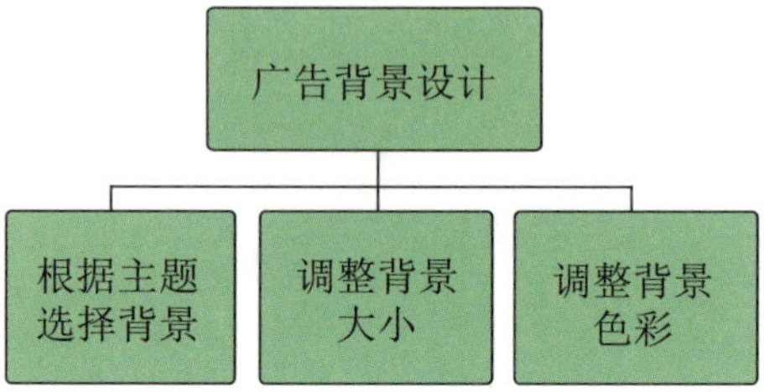

1. 根据促销主题选择背景

制作广告图时，店主一定要根据促销主题选择合适的背景。

如果你想要在圣诞节那天开展新品促销活动，那么背景可以运用一些圣诞节装饰品，比如圣诞袜、铃铛、圣诞树等（见图 6-102）。这样的背景不仅突出了主体，还营造了一个节日气氛，比较容易获得顾客的认可和喜欢。

图 6-102 确定背景基调和素材

2. 调整背景大小

一般来说，我们选择的背景大多不能直接使用，因为背景的尺寸常常与我们所需要的大小不相符。这时就需要使用修图软件，调整背景的大小，使其符合我们的需求。

另外，如果背景的边缘有瑕疵，也可以使用修图软件裁剪出理想的背景。具体操作方法前面已经讲过，这里就不再赘述。

3. 调节背景色彩

选定背景后，如果色彩不够鲜亮，也可以使用修图软件，将整体背景或某个局部的颜色进行调节，让其颜色更鲜亮，直到调整到满意为止。具体操作方法和前面讲的调整图片亮度和饱和度是一样的，这里不再赘述。

总之，要想制作出一款优秀的促销广告图，必须选择合适的背景，并适当调整背景的大小和背景色彩，使其符合自己的需求。

另外需要注意的是，选择的背景不能喧宾夺主。

6.4.3 字体与排版

在促销广告图设计中，字体与排版同样也是非常重要的内容。有些人觉得字体与排版不就是将漂亮的字体放到好看的背景上嘛？实际上并非这么简单，如果稍不注意，就会流于平庸。

制作促销广告图时，应该如何把握字体与排版呢？

1. 字体

在促销广告图中，字体是很重要的。如果字体平凡无奇，即使你的创意再好，技术再高超，也做不出一个好的广告图。相反，设计得得体、好看的字体，可以为促销广告图增色不少。

设计促销广告图字体时，要注意哪些问题呢？

首先，促销广告图中的字体必须要与整个广告图的背景色彩相得益彰。比如，如果你经营的是女装，字体是黑色，则不宜过粗，可以选择中黑字体、微软雅黑、宋体等。其中，中黑字体可用于广告图的大标题；微软雅黑可用于广告图副标题等；宋体可用于商品名称等地方。

如果店主想使用英文字体，可选用 Didot、Anal 等。对于广告图中的数字与符号，可选用 Impact、创艺简仿宋等。前者可用于广告图价格、折扣信息，后者可用于商品价格。

另外需要注意的是，在促销广告图中，字体不能太多，有一两种不同的字体就可以了。一般来说，一个好的设计，整体看起来是非常协调的，用少量元素就能传递所要传递的信息。

通常在设计促销广告图时，会用到两种字体，第一种字体可能比较强调艺术感和视觉冲击力，具有一定的特征或个性。这些花哨字体集合了你想要表达的思想，可以作为标题，主要用来吸引顾客。

第二种字体则要非常普通。在促销广告图中，顾客不会感觉到它的存在。这些字体需要有很高的可读性，但会占据促销广告图相当大的篇幅。一般来说，花哨的艺术字体主要作为标题，内容使用常用的字体即可，这样整体看起来会比较整洁与协调。

2. 排版

在排版中，对齐是最基本的要求，但很多店主并不重视这一点。我们经常会看到，在一张花哨的广告图中，使用的技巧有很多，却毫无设计感。

关于对齐，简单一点的就是左对齐、右对齐、居中对齐、水平对齐等。复杂一点的就是根据图形对齐。如果你每次设计促销广告图时，都将对齐当成一个好习惯来保持，那么设计出来的广告图不仅更有设计感，也更容易体现出美感。

总之，店主要想制作出一张优秀的促销广告图，在这个促销广告图中字体种类不能太多，要具有易读性，并准确地向顾客传达商品信息。同时，还要注意促销广告图中的排版，以免因排版混乱而无法发挥促销广告图的推广作用。

6.4.4 促销广告图制作实例

在开店过程中，最重要的是把握每一次商机。尤其是特殊节日，正是客流量大，顾客购物欲望最强烈的时候，因此针对各种节假日的促销活动必不可少。

在开展促销活动之前，店主需要制作广告图。在制作过程中，需要根据促销活动的特点，收集制作促销广告图的素材，并利用 Photoshop 软件对收集的素材进行整合加工，之后才能够制作出一个出色的促销广告图。

具体来讲，如何才能制作出一个简洁、美观、具有冲击力的促销广告图呢?

下面以母亲节促销广告图为例进行讲解。

首先，在 Photoshop 页面中，打开文件夹中打算作为背景的图片。

添加背景图片后（见图 6–103），点击工具栏中的“文件”，选择“打开”，再添加一张图片。这时，该图片就会显示在 Photoshop 页面中（见图 6–104）。这个时候我们可以看到，背景和这个图片的风格是一致的，而且比较符合母亲节的节日特点。

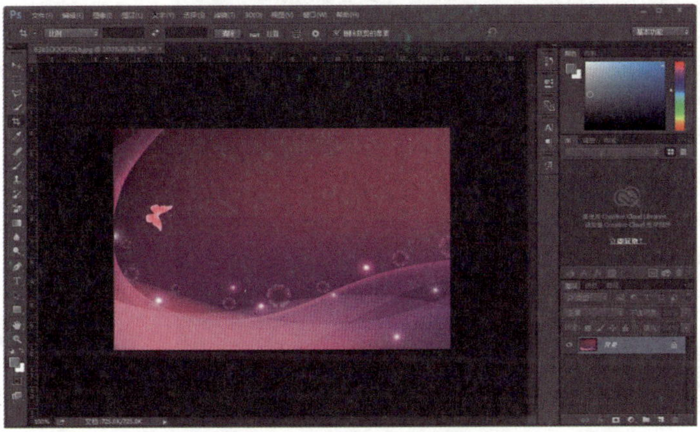

图 6–103 添加背景图片

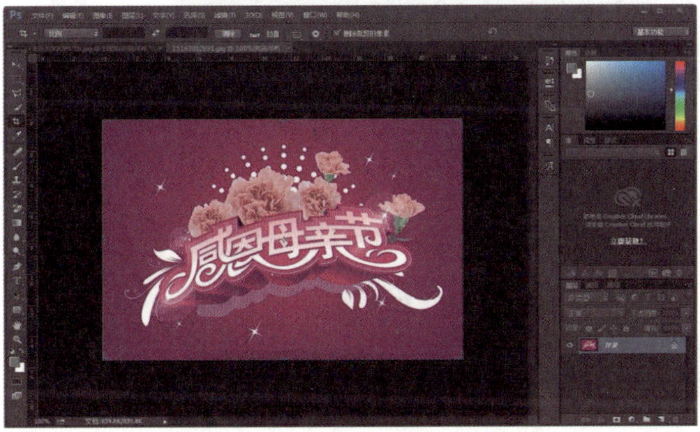

图 6–104 添加图片后的效果

图片一般不能直接添加到背景上，而是需要处理一下。所以接下来就要将“感恩母亲节”这个图片抠出来。具体操作是点击左边菜单栏中的“磁性套索工具”，使用“磁性套索工具”，将需要抠出来的部分沿着边缘勾勒出来。由于磁性套索工具会随着鼠标移动而自动勾勒，所以沿着边缘行走时一定要小心谨慎，否则就会前功尽弃，需要重新勾勒。

将需抠出的部分勾勒完毕后，页面会处于羽化状态，点击“图层”中的“新建”，并选择“通过拷贝的图层”。这时在右下角图层界面中，会出现一个新增图层。然后点击背景前的“指示图层可见性”，这样就将需要的图片部分抠出来了（见图 6–105）。

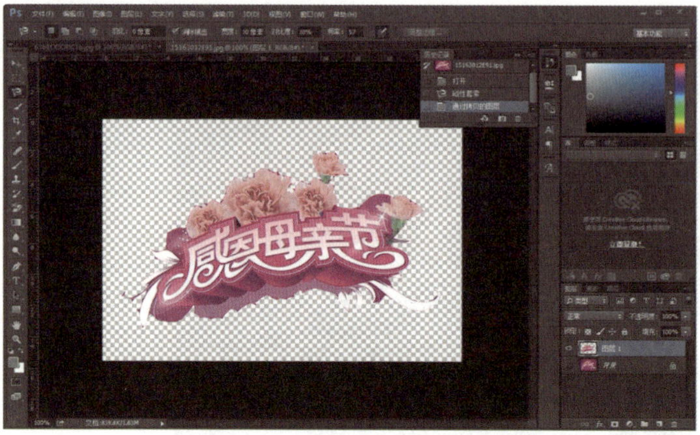

图 6-105 抠出所需的图片

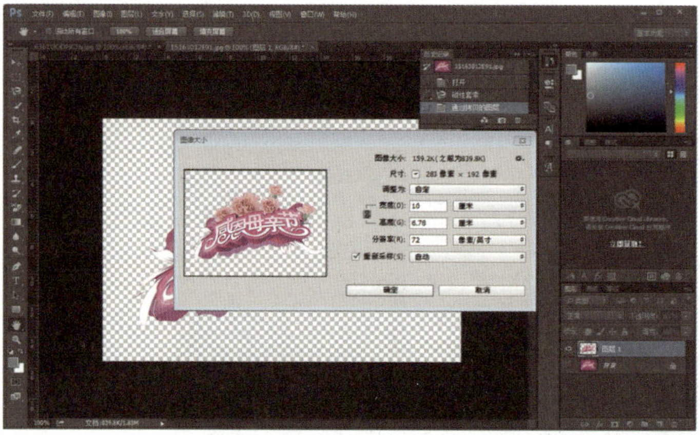

图 6-106 点击“确定”

图 6-107 调整后的图片效果

因为要将抠出来的图片放在背景上，所以需要调整一下图片的大小。点击工具栏中的“图像”，并选择“图像大小”，这时会弹出一个调整图像大小的界面。在这个界面上，可以调整一下图片的宽度和高度。调整到合适的尺寸后，点击“确定”（见图 6-106），图片就变成调整后的尺寸大小了（见图 6-107）。

接下来要解决的是如何将抠出来的图片放置到背景图片上。

首先，需要将抠出来的图片图层单独拿出来，即“图层 1”。“图层 1”成为独立的页面后（见图 6-108），点击左边菜单中的“移动工具”，左键按住“图层 1”，直接拖放到背景页面上，并将“图层 1”缩小化，图片部分就会显示在背景页面上（见图 6-109）。

图 6-108 “图层 1”成为独立的页面

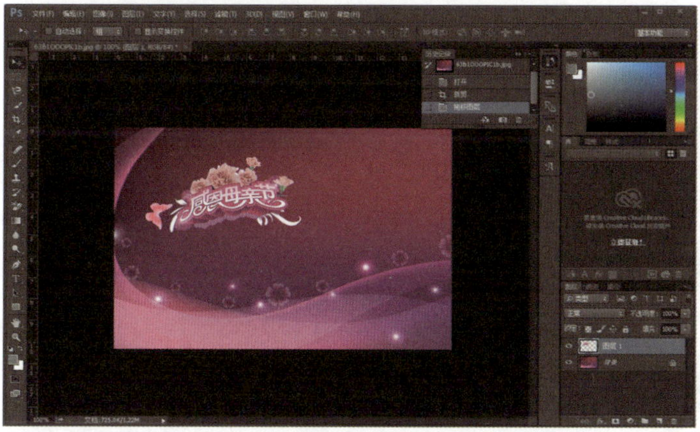

图 6-109 图片部分显示在背景页面

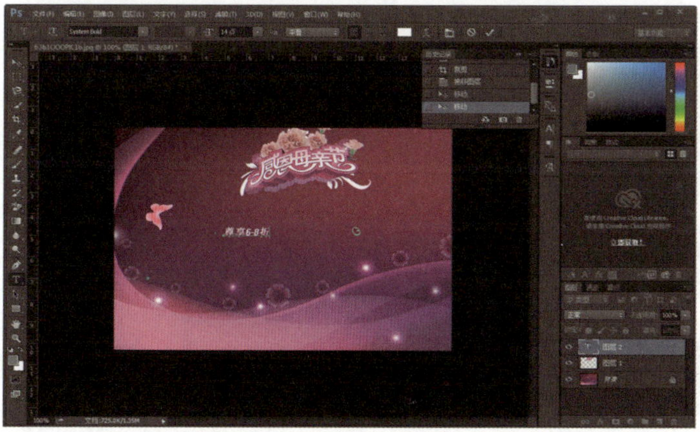

图 6-110 输入文字

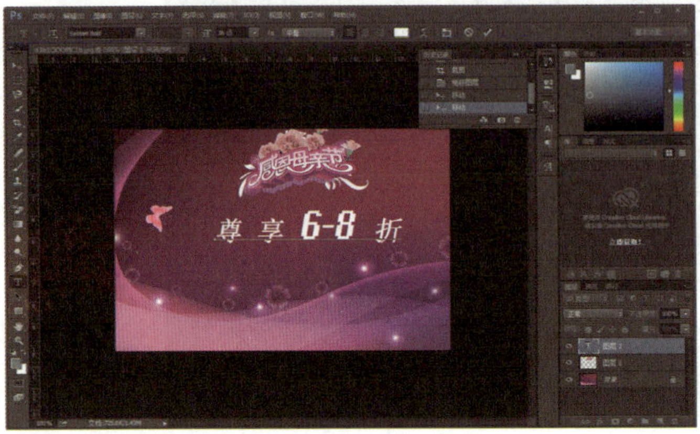

图 6-111 调整文字的字体、大小和间距

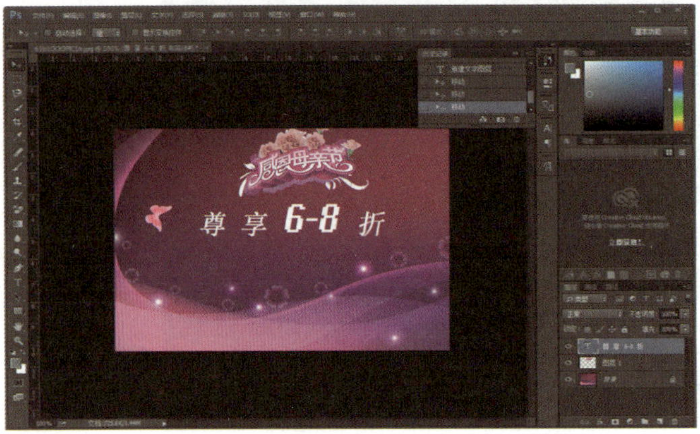

图 6-112 调整图片和文字的位置

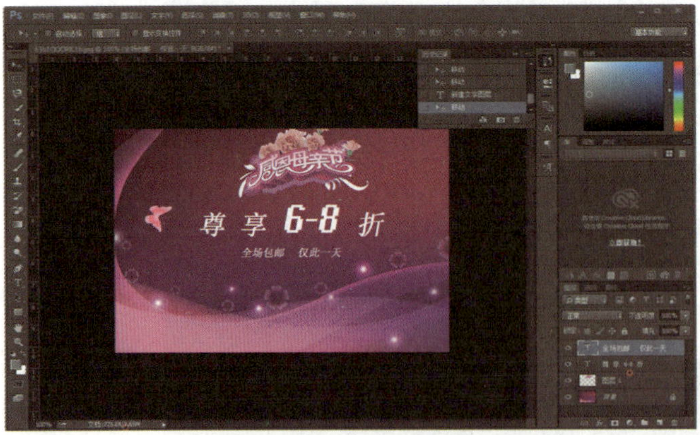

图 6-113 编辑文字

然后移动图片部分，再点击左边菜单栏中的“文字工具“，选择“横排文字工具”。这时页面便进入文字编辑状态，可以在背景页面上编辑文字。

输入文字后（见图 6-110），根据画面的需要，调整一下文字的字体、大小和间距（见图 6-111）。

调整好文字后，再调整一下背景上的图片和文字的位置（见图 6-112）。

如果还想编辑文字，可以再次点击“横排文字工具”，输入自己需要编辑的文字。调整一下文字的大小、间距，并移动到最佳位置（见图 6-113）。

如果你对文字的样式不满意，还可以右键单击文字图层，这时会出现一个界面。选择“混合选项”，进入图层样式页面，然后根据画面的需要选择合适的样式（见图 6-114），并点击“确定”。

这时，文字就有了选定后的样式效果（见图 6–115）。按照这样的样式，可以将剩下的文字也调整成相同的效果。然后就能看到所有的文字都有了选定的效果（见图 6–116）。如果背景中的图片和文字布局比较合理，基本上就已经完成了促销广告图的制作。

以上是制作促销广告图的基本流程。只要店主掌握了这些操作，基本上就能做出一个简单的促销广告图。

实际操作中，如果想要制作出一个出色的促销广告图，还需要长期的学习与研究，并灵活运用各种素材，合理布局文字与图片。

最重要的是，一定要一次选对促销广告图的背景，否则所有的操作都将前功尽弃。

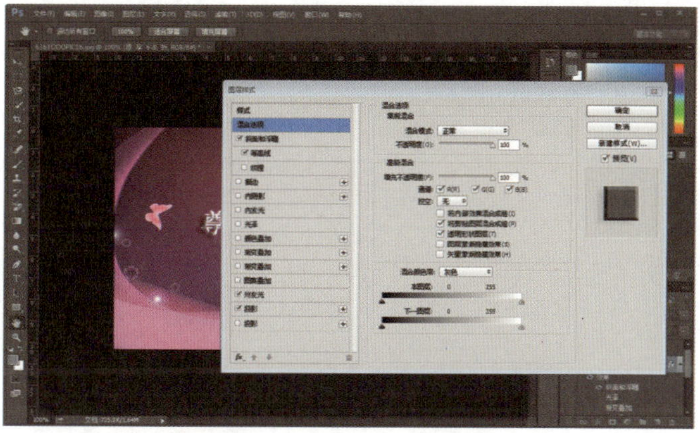

图 6–114　选择合适的样式

图 6–115　文字样式效果

图 6–116　文字部分已调整好样式

6.5

微店图片创意处理

如今微店多如牛毛，普普通通的设计已经无法抓住顾客的眼球。相反，一个好的创意图片却能让人眼前一亮，给人更多想象的空间。

想要抓住顾客的心，激发顾客的购买欲望，店主可以利用 Photoshop 软件对图片进行创意处理。

6.5.1 原创手绘设计

在现实生活中，大家都喜欢看漂亮的彩色图片，所以很多店主都忽视了手绘图的作用。实际上，手绘图虽然没有彩图颜色鲜亮，却能更直观地表达设计者的构思意图与创意，同时也更容易从大量的彩色图片中脱颖而出。

当然，要想做好一张手绘图，是需要一定设计灵感的。如果店主没有高超的绘画技能，可以使用 Photoshop 软件，让彩色图瞬间变成手绘图。

首先，在 Photoshop 页面中，打开文件夹中需要处理的图片。添加图片后（见图 6–117），点击 Photoshop 工具栏中的“图像”选项，并在图像选项中选择“调整”，再点击“去色”（见图 6–118）。这时图片就变成灰度图了（见图 6–119）。

图 6-117 图片已添加

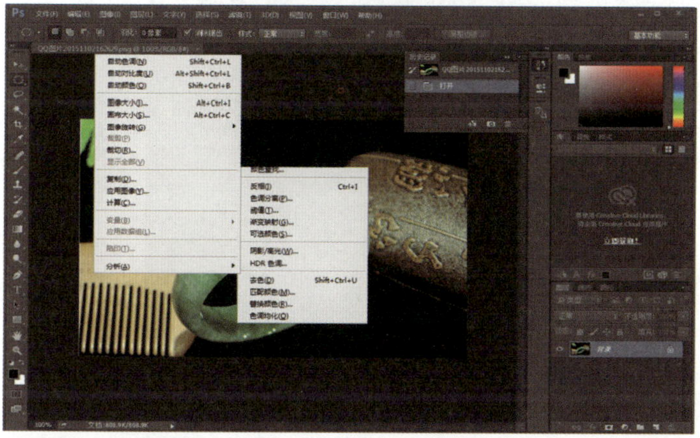

图6-118 点击“去色”

图 6-119 图片已去色

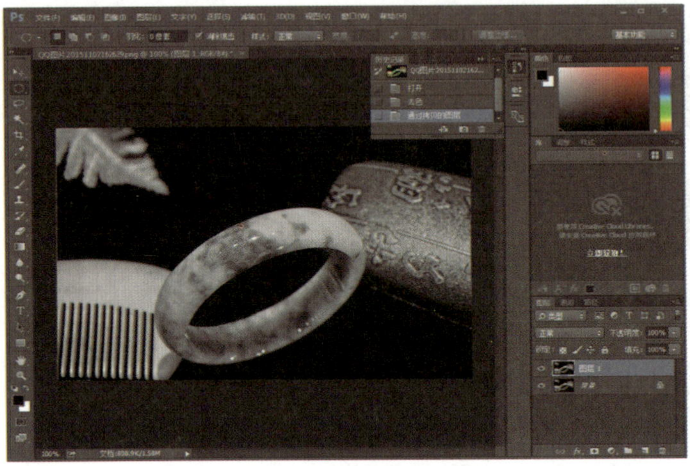

图 6-120 新增一个图层

图 6-121 图片“反相”效果

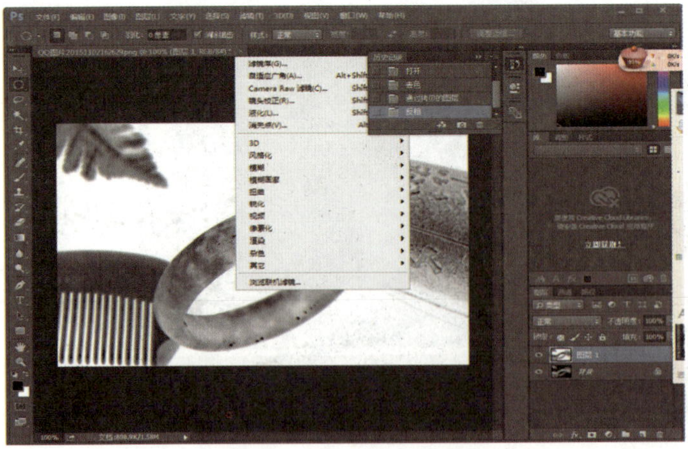

图 6-122 选择“其它”

然后点击 Photoshop 工具栏中的“图层”功能，并在图层选项中选择“新建”，再点击“通过拷贝的图层”，或者直接按“Ctrl+J”，这两种方式选择哪一种都可以。这时页面右边图层界面中，会新增一个图层（见图 6-120）。

接下来，需要点击页面工具栏中的“图像”，并选择“调整”，再点击“反相”即可。这时，就能看到该图片的“反相”效果了（见图 6-121）。

然后点击页面工具栏中的“滤镜”，并在“滤镜”选项中选择“其它”（见图 6-122），再点击“最小值”。进入“最小值”界面后，可以将半径设置为“1”个像素，点击“确定”（见图 6-123）。

这时，店主就能看到图片的“滤镜”效果

了（见图 6-124）。然后点击页面工具栏中的“图层”，选择“图层样式”（见图 6-125），并在“图层样式”选项中点击“混合选项”。

进入图层样式界面后，在混合选项中点击“混合模式”按钮。这时会看到很多模式可供选择，这里选择“颜色减淡”，再点击“确定”（见图 6-126）。然后就能看到该图片的手绘效果了（见图 6-127）。

以上是绘制手绘图的基本操作。这些操作比较简单，即使店主从未操作过，也能很快上手。总之，能抓住顾客眼球的未必只有彩色图片，适当设计一些手绘图，一样可以吸引顾客，让顾客感觉眼前一亮，大大提高订单的成交率。

图 6-123 点击“确定”

图 6-124 图片“滤镜”效果

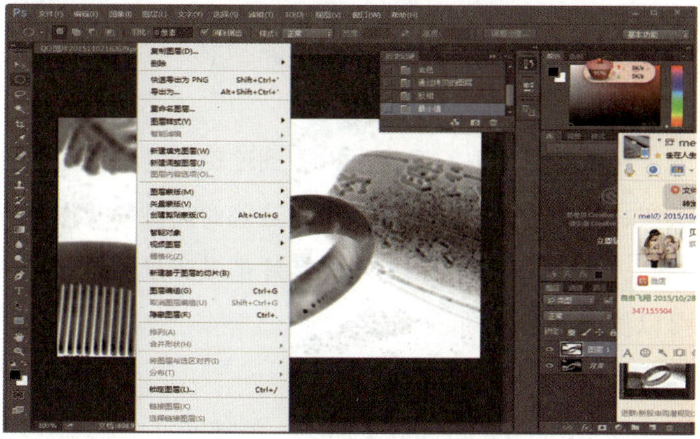

图 6-125 选择“图层样式”

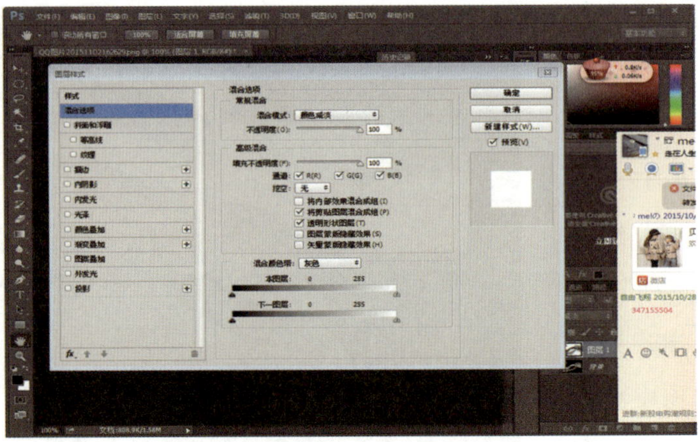

图 6-126 点击“确定”

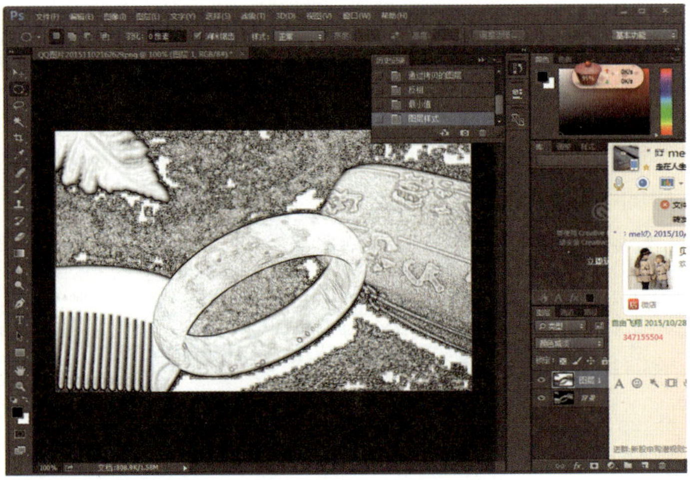

图 6-127 图片手绘效果

6.5.2 商品倒影效果

在一些图片中，经常可以看到玲珑剔透的商品倒影，让人瞬间觉得眼前一亮。其实，只要掌握了做图的方法，这些商品倒影我们也是可以制作出来的。

一般来说，相机拍出来的图片都是实景。要想将图片中的商品加上倒影效果，可以使用 Photoshop。

具体如何操作呢？

首先，在 Photoshop 页面中，添加文件中需要处理的图片（见图 6-128）。选择钢笔工具，并用钢笔沿着商品边缘将图片中商品轮廓勾勒出来（见图 6–129）。然后按住“Ctrl”键，并点击“回车键”，图片中商品的轮廓便处于羽化状态。

由于图片中的商品有些大，需要先缩小图片中的商品。按快捷键“Ctrl+T”，选中图片中的商品（见图 6–130），并拉动所选商品的一角，就能缩小商品。

缩小商品后（见图 6–131），需要点击“回车键”，图片中的商品将处于羽化状态。然后再点击 Photoshop 工具栏中的“图层”，并选择“复制图层”。这时会弹出一个复制图层界面（见图 6–132），点击“确定”即可。

然后页面右下角的图层界面就会显示新添加的图层（见图 6–133）。点击左边菜单栏中的“移

图 6–128 打开图片

图 6–129 勾勒出商品轮廓

图 6–130 选中该图片上的商品

图 6-131 缩小商品

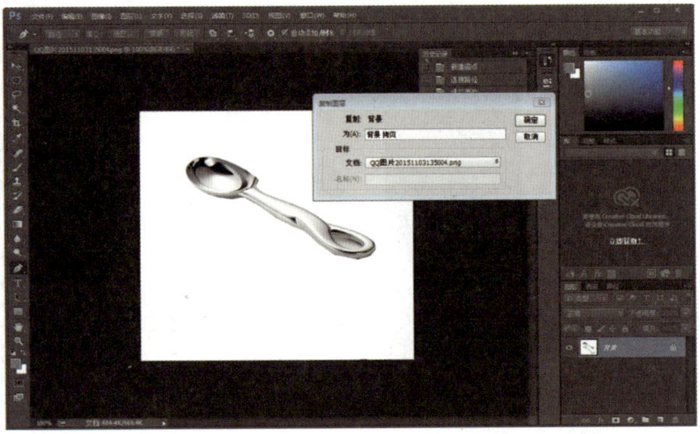

图 6-132 复制图层界面

图 6-133 添加一个新图层

动工具”，并移动图片中的商品。

这时，在图片上就会显示两个相同的商品。移动其中一个，将其放在另一个下方（见图 6-134）。

此时可以点击“编辑”中的“变换”，也可以按“Ctrl+T”，选中图片中的商品（见图 6-135），并单击鼠标右键，页面会出现一个变换选项。这时选择“水平翻转”，图片中商品就会被水平翻转（见图 6-136）。

然后选择变换选项中的“逆时针旋转 90°”，再按住鼠标右键，旋转图片中的商品，也可以直接按住图片中的商品进行旋转。完成旋转后，将旋转后的商品紧贴另一个商品，使两个商品形成“背靠背”的效果（见图 6-137）。

在右下角图层界面

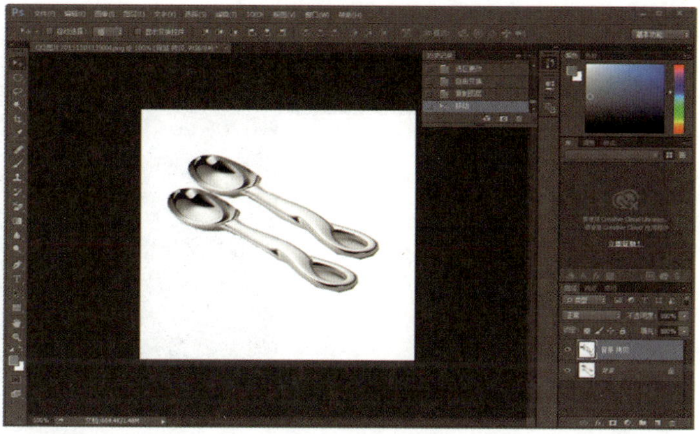

图 6-134 移动商品图片

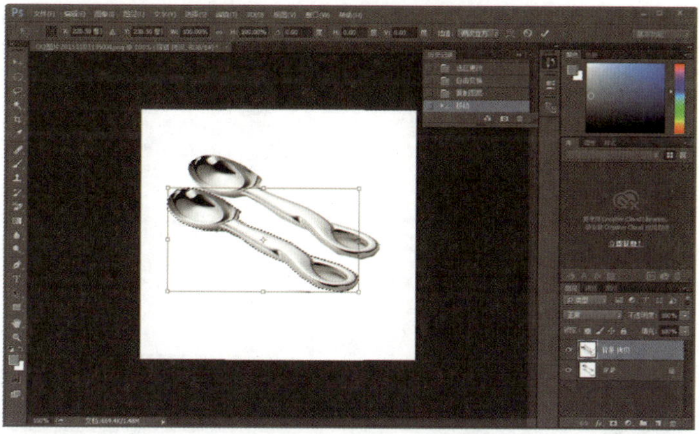

图 6-135 选中图片中的商品

图 6-136 图片中的商品被“水平旋转”

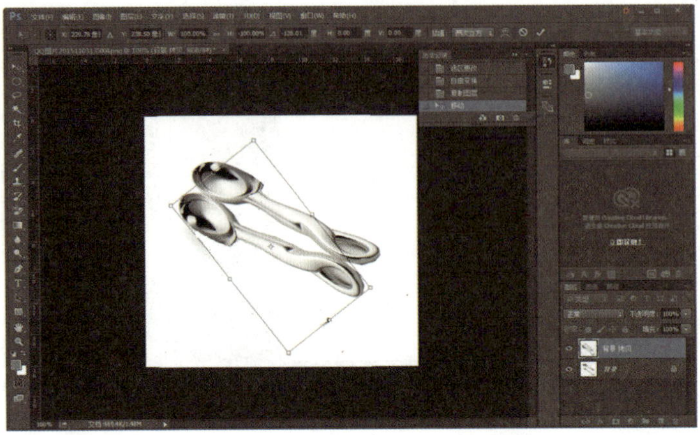

图 6-137 两个商品形成“背靠背”

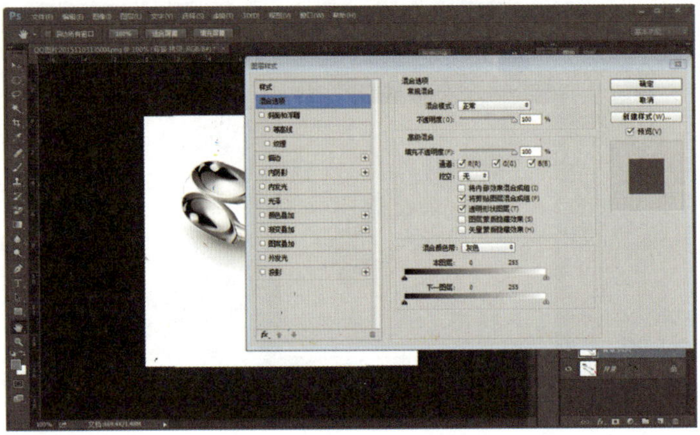

图 6-138 混合选项页面

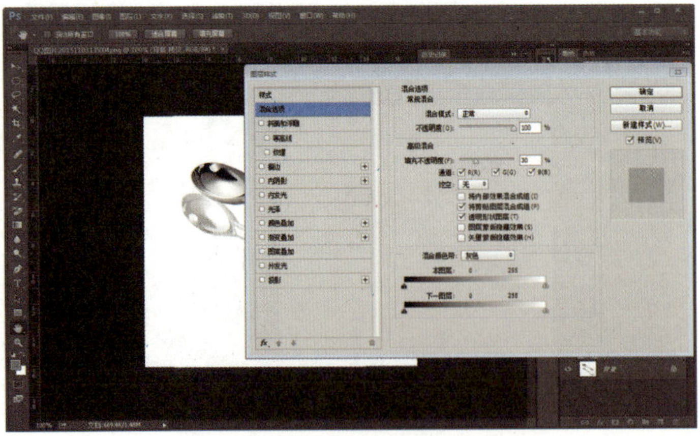

图 6-139 调整到最佳不透明度

中，右键点击“背景拷贝”图层，选择“混合选项”，进入混合选项页面（见图 6-138）。因为要调整成为倒影的商品的不透明度，所以在高级混合中，需要向左拉动“填充不透明度”按钮。调整到最佳不透明度后（见图 6-139），点击右上角“确定”。

这时，商品就有了倒影效果（见图 6-140）。如果店主对图片比较满意，将图片保存即可。

以上是在图片中制作商品倒影效果的基本操作。掌握这些技巧后，不管商品是平面的还是立体的，都能通过 Photoshop 软件将商品做出倒影效果。

一般来说，拥有倒影效果的图片，会使商品看起来更有档次，更具有真实感和立体感。

图 6-140 商品倒影效果图

第7章

CHAPTER SEVEN

微店装修案例分析

由于经营的商品种类不同，店铺装修也会有很大的差异，但万变不离其宗。看一下那些成功的店铺，仍旧可以发现一些共性的东西可供我们学习。

同时，成功同样是可以复制，也是可以超越的。对于店主来说，我们不仅要闭门苦学技巧，更要开放自己，学习并借鉴他人成功的装修技巧。通过内外兼修，最终打造出属于自己的特色微店和品牌。

7.1

水果东施：文案设计让水果高端大气上档次

图 7-1 “水果东施”的个人签名

在很多人眼中，微信朋友圈俨然像个“小淘宝”，到处都是广告，卖什么的都有。可以说，微信朋友圈是一座金矿，只要你遵纪守法，定好位，不纯粹发广告，做好经营，不管是打造个人品牌，还是售卖商品，都会有意想不到的收获。在这方面，“水果东施”的微营销就做得非常成功。

听到“水果东施”，你会有什么感觉？是不是觉得这个名字很简单，很容易被人记住，而且容易塑造品牌？

其实，光听一下“水果东施”的名字，就可以发现其有两大特点：一个是“水果”，明确说明了微店售卖的商品是什么；另一个字眼就是“东施”，让人联想到售卖商品的是一位美女。美女卖水果，这本身就是一个亮点。而且“水果东施”微店用的是自己的个人真实头像，比较容易获得他人的信任。

“我卖的不是水果，是高端大气上档次的良心品质！”这是“水果东施”的个人签名（见图 7–1）。她是这样说的，也是这样做的。最后微店从 0 到 1 完成了蜕变。

从更深的层面看，“水果东施”的成功，绝不仅仅是因为名字起得好，也不仅仅是因为其准确的定位，其精准、精彩的文案设计，同样值得广大微店店主学习。

1. 用情感拉近与顾客的距离

很多人写文案，只是机械地强调一下商品的特点、优点、卖点，却很少掺入个人情感在里面。“水果东施”书写的文案，却能让人从中感觉到她是一个鲜活的、开心快乐的、充满正能量的、真心为顾客服务的水果卖家。

此外，在文案中，“水果东施”常常使用“名称 + 亲”的称呼方式，这也让顾客感觉店家待人很亲切，很重视买家，从而拉近了与顾客的距离。

2. 将商品情况及时告知买家

“水果东施”发送到朋友圈的文案，既突出商品，还突出自己的存在感。每次寄出商品，她都会将发货照片发送到朋友圈，让顾客放心。

图 7–2

将商品情况告知顾客的文案

除此之外，每次新进一批货，她都会特意在文案中将商品的名称和数量明确写出来，让顾客知道自己有多少商品（见图 7–2）。

3. 真诚感谢好友们的支持

如果好友为了支持她，一直都购买她的水果，或者有顾客购买她的水果后，拍成图片分享到朋友圈中，她都会在朋友圈表达感激之情。

这样的文案不做作，文字全都发自内心深处，看到的人都会从字里行间中感受到她的真诚。

4. 分享信息，有奖活动

在具体运营过程中，“水果东施”善于让自己的信息在朋友圈里流动起来。为了鼓励朋友圈的人转发文字，“水果东施”精心设计了一个文案。

“伙伴们最近是不是像过节一样，每天都能收到快递蜀黍送来的礼物，还想继续吗？很简单，只要把这条‘信息 + 图片’转发到朋友圈，点赞 10 次以上，即送价值 50 元水果一份。点赞 20 次以上，即送价值 100 元水果一份。数量有限，小伙伴们抓紧了！”

一个简单的分享动作，就有可能获得一份价值100元的水果。看到这样的信息，你不为之心动吗？会不会转发呢？“水果东施”就是通过这样的手法，让信息在关系链中流动了起来。

“水果东施”的文案简洁朴实，没有多少浮华的词语，保持了那份天然纯真，让人感受到了她的那份真诚。

其实，微店营销并没有我们想象中的那样复杂，而且文案也没有那么难设计。一点点创意，加上足够的真诚，就有可能换来顾客的信任与忠诚。

7.2 蓝缇子箱包微店：色彩搭配突出商品个性

图 7-3 蓝缇子箱包微店

图 7-4 以白色为背景的商品图片

“蓝缇子箱包微店”主要经营各类包包（见图 7-3）。在整个店铺装修中，蓝缇子的色彩搭配一直为人称道。我们知道，在店铺装修过程中，色彩搭配尤为

图 7-5 以暖色调为背景的商品图片

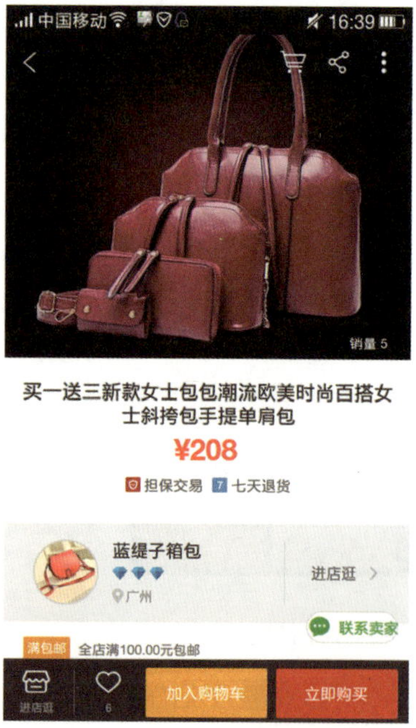

图 7-6 以黑色为背景的商品图片

重要，搭配得合理，可以突出整个微店和商品的个性。

那么，“蓝缇子箱包微店”在色彩搭配方面有哪些特点呢?

1. 以白色背景突出商品时尚感

对于浅色系列的包包，蓝缇子店铺主要以白色为背景（见图 7-4）。如此一来，背景与浅色包包的风格样式相映生辉，显得自然、随意且和谐。

同时，这种简约的风格也能够突出商品的时尚感，体现出使用者的品位和素养，自然会受到顾客的青睐和喜欢。

2. 以暖色背景突出商品真实感

对于深色系列的包包，蓝缇子店铺主要以暖色调为背景（见图 7-5）。这种冷暖色调的搭配，可以营造出一种强烈的视觉效果，更能突出商品的真实感，彰显商品独有的特点。

可以说，冷暖色调这种强烈反差，更能激发顾客的购买欲望。

3. 以黑色背景突出商品的高端感

有些深色系列的包包，蓝缇子店铺在展示时会以黑色为背景（见图 7-6）。这种色彩搭配不仅能突出商品的高端感，还会渲染一种神秘感，就像女人心难以捉摸。让顾客感到好奇，往往会吸引拥有这种气质的顾客。

7.3

贝之语母婴旗舰店：暖色调加小可爱

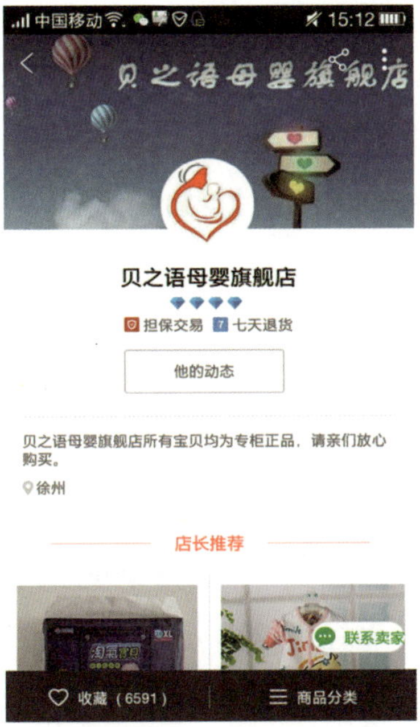

图 7-7 贝之语母婴旗舰店

图 7-8 婴儿服饰

“贝之语母婴旗舰店”是一家专门售卖婴幼儿服饰、生活用品以及妈咪日常用品的微店（见图 7-7）。该店铺开通了担保交易和七天退货服务，因为经营的

图 7-9 婴儿浴巾

图 7-10 可爱的小模特

商品是正品，顾客对其信任度颇高。

同时，暖色调加小可爱的装修风格，使该店铺受到大量妈妈和准妈妈的喜爱，拥有较高的人气。

那么，“贝之语母婴旗舰店”具体有哪些特点呢？

1. 以暖色调为主

由于店铺的主要目标人群是妈妈们，所以该店铺以暖色调为主。不管展示的是婴儿服饰（见图 7–8），还是婴儿浴巾（见图 7–9），其背景都是以暖色调来突出商品的。这种风格给顾客一种温暖、舒适的感觉，使顾客在购物过程中感到心情愉快，不压抑。

2. 模特很可爱

妈妈们都有宝宝，心中满满的都是爱。该店铺抓住顾客的这一特点，找了一些不同阶段的小宝贝试穿商品。小模特可爱的模样（见图 7–10），不但能引起顾客的怜惜，拉近店铺与顾客的距离，而且顾客也能根据小模特试穿的样式，知道自己的孩子穿上或带上的效果。这样的方式更能打动顾客，促使顾客购买。

总体来讲，“贝之语母婴旗舰店”的装修风格非常符合年轻妈妈这一消费群体，因此可以迅速打动她们，赢得她们的喜爱。这一点，值得所有微店店主学习。

7.4
新东方大愚图书：拍摄时的商品摆放技巧

图 7-11 童书平铺体现层次感

在微店中售卖图书的店铺不少。那么图书要怎么摆放才能吸引顾客购买呢?这里面又有什么技巧呢?

对于商品的摆放，“新东方大愚图书”非常有技巧。在整个店面中，其采用了多种摆放方式，不仅使顾客挑选商品更方便，而且也非常具有美感，视觉冲击力较强。

在摆放商品方面，新东方大愚图书都有哪些技巧呢（见表 7-1）？

表 7-1 拍摄时商品的摆放技巧

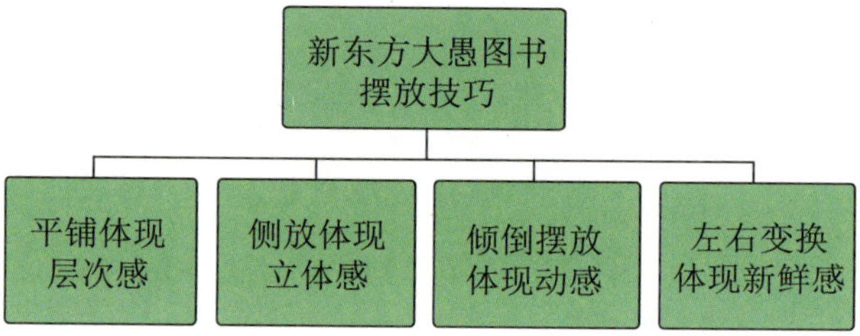

1. 平铺体现层次感

在拍摄童书时，即使“新东方大愚图书”选择的是大众化的平铺摆放，最终效果也是别有一番风味。这是因为除了单品童书采用平铺外，它还将套装类的儿童书籍进行平铺，在摆放过程中不是随意放置，而是摆放得非常有层次感（见图 7-11）。这样的童书摆放方式，让顾客感觉井然有序，看起来很舒适，不易产生烦躁感，并且容易对整套图书都有一个大致的了解。

2. 侧放体现立体感

不管是套装系列图书，还是关联系列图书，“新东方大愚图书”都会采用侧放的方式。并且在摆放的时候，也并非是直接摆放，而是呈几何形状，比如三角形。这样的侧放形式，使得图书非常有立体感（见图 7-12），在某种程度上增强了图书的视觉冲击力。

3. 倾倒摆放体现动感

除了采用平铺和侧放外，“新东方大愚图书”还经常采用倾倒式的摆放方式（见图 7-13）。这样的摆放方式，瞬间让静态的图书有了动感，好似跳跃的音符充满了活力。这种动感在无形中会传染给顾客，顾客看到这样的书籍，自然会多了几分心动。

图 7-12 侧放体现立体感

图 7-13 倾倒摆放体现动感

图 7-14 向左侧放书籍

图 7-15 向右侧平铺书籍

4. 左右变换体现新鲜感

为了避免顾客视觉疲劳，“新东方大愚图书”会不停地改变图书的摆放方式。在摆放多本图书过程中，它会时常向左侧放书籍（见图 7–14），也会向右侧平铺书籍（见图 7–15），而且都是层层递进摆放。这样左右不停地变换摆放方式，保持了商品对顾客的新鲜感，让顾客在挑选书籍的过程中不至于感到视觉疲劳，反而会乐在其中。

图书作为特殊的商品，本来在外观上花样就不多，为了给顾客创造新鲜感，激发他们的浏览兴趣，就要学会一些图书摆放技巧。这一点，售卖图书的微店店主需要特别注意。

7.5

佩佩家纺旗舰店：通过对比突出商品效果

图 7-16 佩佩家纺旗舰店

图 7-17 同价同色调商品

“佩佩家纺旗舰店”是一家售卖四件套以及其他床上用品的微店（见图 7-16）。截至 2015 年 11 月 10 日，“佩佩家纺旗舰店”拥有上千收藏数，店铺等级为两颗

图 7–18 同款不同色商品

图 7–19 同价不同款商品

蓝钻，有较高的销量和关注度。

该店铺之所以取得这样的成就，与其商品图片摆放以及图片与图片之间的效果对比不无关系。

“佩佩家纺旗舰店”具体是如何做的呢？

1. 同价同色调商品

佩佩家纺店铺商品价格分类比较清晰，在同一页面中，顾客能够看到四个相同价位的商品图片（见图 7–17），这四个商品一般分为两种冷色调和两种暖色调。通过相同色调商品图片的对比，使顾客挑选商品更加方便，节省了顾客寻找商品的时间，还提高了店铺的销量。

2. 同款不同色商品

在同一页面上，佩佩家纺店铺也会将同款不同色的商品放在一起（见图 7–18）。这样有利于顾客对不同色调的同款商品进行对比，以便从中挑选一款较为喜欢的。

3. 同价不同款商品

在同一页面上，佩佩家纺店铺也会将相同价位不同款式的商品摆放在一起（见图 7–19），这样顾客就可以对不同款式的商品进行对比，从中挑选一款符合自己需求的商品。可以说，佩佩家纺店这样的设计，既满足了顾客的购物需求，又提高了顾客的购物体验。

以上是“佩佩家纺旗舰店”通过商品图片对比突出效果的技巧。从这些技巧不难看出，“佩佩家纺旗舰店”非常懂得抓住顾客的比较心理。根据顾客的这一心理需求，店主采取了通过商品图片对比突出效果这一手段，为店铺迎来了大量订单。

7.6

欧莱雅微店：用灯光烘托化妆品效果

图 7-20 欧莱雅微店

欧莱雅是知名度较高、历史悠久的大众化妆品品牌之一，主要提供男士、女士护肤商品、彩妆、染发产品等，其出众的品牌形象一直受到全球爱美消费者的

图 7-21 欧莱雅微店宝贝详情

图 7-22 商品图片清晰而明亮

喜爱。作为全球知名品牌，欧莱雅深知灯光的重要性，因此充分利用灯光烘托化妆品，提高化妆品的档次，效果非常显著。

顺应时代的发展，欧莱雅也开了一家微店（见图 7–20）。在微店运营中，欧莱雅非常重视商品图片的拍摄。在拍摄过程中，欧莱雅经常借助灯光的作用，将多种灯光打在化妆品上，这样不仅能凸显商品，使图片主次分明，还能使图片看起来富有层次感。

在宝贝详情中，欧莱雅微店展示给大家的主图有明有暗，光影交错，非常有层次感（见图 7–21）。

此外，在拍摄过程中，仅靠自然光并不能拍出想要的效果。如果光线不足，拍出来的图片就会比较昏暗。拍摄面膜时，为了避免反光，欧莱雅利用了灯光，使商品图片清晰明亮（见图 7–22），瞬间提高了商品的档次。

灯光在拍照中的作用非常明显，特别在对象是化妆品的时候，更需要利用灯光来营造层次感，提升商品的档次。当然，对灯光的使用也并非没有要求。太强的灯光，反而会影响商品的质量。欧莱雅深谙此道，在商品图片的拍摄和展示上给我们提供了很好的借鉴。